제가 하겠습니다

I will

＊별도의 표기가 없는 성경구절은 개역개정 성경을 인용한 것입니다.

I will
제가 하겠습니다

행동으로 옮기는
그리스도인의 9가지 특징

톰 레이너 지음 | **김태곤** 옮김

아가페

감사의 글

나는 지역 교회를 사랑한다. 나는 알고 있다. 지역 교회나 목회자나 교회 직원이나 일반성도는 모두 완벽하지 않다. 그럼에도 지역 교회에서 섬기는 이들이 있어 참 감사하다. 그들은 복음을 나누게 하려고 하나님이 우리에게 보낸 귀한 사역자다.

이 글을 쓰면서 나는 복음 사역의 최전선에서 섬기는 이들에게 깊이 감사한다. 교회의 잘못된 모습에 탄식하는 이들이 많다. 이들은 복음을 위해 밤낮으로 일한다. 이들은 교회를 올바로 세우는 이들이다.

그리고 독자들에게 진심으로 감사한다. 독자들 중에는 25권에 달하는 내 저서를 모두 읽은 분도 있다. 내 글을 읽을 가치가 있는 것으로 생각해 주는 독자들 앞에서 나는 언제나 조심스럽다.

아무쪼록 본서가 교회에서 섬기는 이들에게 그리고 그리스도의 신부인 교회를 사랑하는 이들에게 격려가 되기를 기도한다. 많은 교회들이 힘겹게 버둥대고 있지만, 나는 그들의 미래를 낙관한다. 독자들에게도 내 낙관론이 전해지기 바란다. 그리고 독자들도 동일한 소망을 갖게 되기를 기도한다.

이 책을 읽어준 독자들에게 감사드린다. 기도하는 마음으로 기꺼이 읽어준 데 대해 특히 감사드린다. 성령께서 온 세계의 회중 속에 놀랍게 역사하시기를, 그리고 그분의 부르심에 더 많은 이들이 "제가 하겠나이다" 하며 순종으로 응답하기를 기도한다.

Contents

머리말
기뻐하는 성도 이야기

　자매의 이름은 헤더다. 헤더는 두 아들과 딸 하나를 둔 싱글맘이다. 아이들은 다섯 살, 일곱 살 그리고 열 살이다. 헤더는 이혼한 후 아이들 걱정을 많이 한다. 아이들은 학교에 잘 적응하지 못하고 집에서도 반항적이다. 그럼에도 3년 이상 아이들을 교회에 데려가지 않았다.

　이혼은 삶을 엉망으로 만들었다. 4년 전쯤 헤더가 댄과 헤어졌을 때, 헤더는 교회를 떠나기로 결심했다. 전 남편은 곧 재혼할 사람과 함께 교회에 남았다. 헤더는 그들 주변에 있는 것이 자신에게 도움이 되지 않을 거라 판단했다.

그래서 리저렉션커뮤니티교회를 떠났다. 그리고 4년 이상 어떤 교회에도 나가지 않았다. 헤더의 친구들과 가족은 헤더에게 자주 동정을 표했다. 어떤 이들은 "불쌍하기도 하지. 남편 잃고, 친구들과 사랑하던 교회마저 잃다니…" 하고 말하곤 했다. 그럴 때면 헤더는 조용히 고개를 끄덕이며 위로의 말을 받아들였다. 그들의 마음이 그렇다니 어쩌겠는가?

그러나 헤더에게는 비밀이 있다. 누구에게도 털어놓지 않은 비밀이다. 그렇다. 이혼은 말할 수 없는 고통이었다. 자신과 아이들에게 무척이나 깊은 상처를 남겼다. 이혼에 얽힌 이야기를 지금까지 누구에게도 소상히 말한 적이 없다.

헤더는 리저렉션커뮤니티교회를 흔쾌히 떠났다. 사실 헤더는 부부간의 문제가 시작되기 오래 전부터 그 교회에 다니는 것이 괴로웠다. 그 교회를 떠나는 것이 헤더에게는 삶에 변화를 주는 축복 중 하나였다. 그것은 큰 위안이었다.

헤더의 감정을 이해하기 위해서는 약 12년 전으로 거슬러 올라갈 필요가 있다. 댄과 헤더가 결혼할 무렵이다. 둘은 댄의 근무지 근처에 집을 마련했다. 둘 다 교회 일에 헌신하기로 했다. 그리고 리저렉션커뮤니티교회를 선택했다.

이 이야기는 거기서 시작된다.

나는 행복한 성도가 아니다

헤더의 관점에서, 리저렉션커뮤니티교회는 쉬운 선택이었다. 댄과 댄의 부모가 여러 해 동안 그 교회에 다녔다. 출석 교인 수가 250명 정도 되었다. 댄은 교인 대부분을 알았다. 교인들은 헤더에게도 친절했다. 그들은 헤더를 곧바로 받아들였다. 이제 헤더는 댄 가족의 일원이었다.

헤더는 교인들과 어울리려고 굳이 많이 노력할 필요가 없었다. 몇 주 만에 헤더는 여성 성경공부 모임에 참석해 달라는 요청을 받았다. 공인회계사였던 터라 교회 재정위원 합류 요청도 받았다. 그리고 안내위원도 맡았다.

아이들이 생기자 아이들도 자연스럽게 교회와 연결되었다. 댄과 헤더는 그 교회에서 교인들과 관계도 좋았다. 그들 중에는 비슷한 나이의 자녀를 둔 젊은 부모들도 있었다. 이처럼 헤더는 교회생활을 근사하게 시작했다. 헤더는 매너도 좋았고, 인간관계도 좋았다. 맡은 일도 잘 감당했다.

언제쯤 변화가 생겼는지 헤더로서는 정확히 기억해내기 힘들다. 그 변화는 갑작스럽기보다 점진적으로 찾아왔다. 단지 몇 년이 지났을 뿐인데, 그 사이 헤더는 불행한 성도가 되어 있었다. 좋지 않은 일은 없었다. 사실 매일 일어나는 변화를 헤더는 눈치 채지 못했다.

어느 주일 아침 잠에서 깼을 때, 헤더는 교회에 가는 것이 두려웠다. '이 느낌이 언제 생겼지?' 하고 자신에게 물었다. '왜 나는 더 이상 행복한 성도가 아닐까?'

이것은 헤더의 이야기다. 그러나 수백만 성도들의 삶 속에서 반복되는 것일 수도 있다.

태도 변화

당신은 헤더가 유리한 입장이었다고 말할 수도 있다. 헤더는 교인들과 어울리기 위해 기다리거나 허락을 구할 필요가 없었다. 댄 가족을 통해 곧바로 받아들여졌다. 마치 여러 해 동안 그 교회에 다닌 것 같았다.

처음에는 재미있었다. 교회에서 맺는 여러 관계가 다 좋았다. 교인들은 좋은 사람들이었다. 서로 배려했다.

처음 6개월 동안 헤더는 교회 사무에 관여하지 않았다. 그러나 헤더가 곧 보조 회계담당자가 될 터였기에, 회계담당자는 헤더가 교회 사무에 관여할 것을 요청했다. 헤더에게는 배경지식과 경험이 필요했다.

매월 사무 회의로 모이는 것을 헤더는 이상하게 여겼다. 그러나 요청을 존중했다. 그 회의는 헤더가 기대했던 것과 딴판이었다. 회계담당자가 보고하면 예닐곱 명의 교인들이 단 한 푼의 지출내역까지 캐물었다.

그리고 담임목사가 예배시간을 오전 11시에서 10시 30

분으로 바꿀 것을 제의했다. 그의 논리는 타당했다. 실제로 예배시간을 당기는 것이 훨씬 나았다. 11시 예배에 익숙해 진 것은 오래도록 그렇게 해왔기 때문이다.

그러나 반대는 매우 거셌다. 목사는 시간이 당겨지면 젊은 사람들이 좋아할 거라고 공손히 설명했다. 흔히 그들은 정오 전에 식사하는데, 자녀가 있을 경우에는 특히 그랬다. 오래 된 교인인 베티가 재빨리 말을 받았다. "목사님이 우리 교회에 다니지도 않는 사람들에 대해 늘 말씀하시는 이유를 나는 모르겠어요. 여기는 우리 교회입니다. 우리에게 필요한 것을 먼저 생각해야죠." 베티는 거침없이 말했다.

목사는 단체로 "아멘!" 하는 소리를 들어야 했다. 몇몇 참석자들이 고개를 끄덕였다. 목사는 자신의 제안이 기각되었음을 알았다.

그 목사는 8개월 후면 사임하게 되어 있었다. 2년도 채우지 못하고 사임하는 거였다. 지난 20년 간 그 교회를 거쳐간 목사는 여덟 명이나 된다. 4년 임기를 채운 목사는 단 한 명 뿐이다.

헤더는 오래 된 교인들과 곧 보조를 같이하게 될 터였다. 그들에게 배운 건, 교회가 자체의 필요를 만족시키는 일을 최우선시 해야 한다는 것이다. 누군가가 변화를 제안하면 그녀도 비판적인 음성에 동조하게 될 것이었다. 자신은 인정하지 않으려 하겠지만, 실제로 헤더는 교회를 하나의 종교적인 컨트리클럽으로, 외부인들의 가입에 대해 매우 주의하는 컨트리클럽으로 보기 시작했다.

헤더가 그 교회에 합류한 것은 나름대로 무엇인가를 기여하기 원해서였다. 베풀며 섬기기를 기대하면서 회중의 일원이 되었다. 참된 성취를 이루고 싶었다.

분명 처음에는 교회생활이 즐거웠다. 자신이 포함되고 다른 이들은 배제되는 클럽의 일원이 되는 것을 즐겼다. 그러나 그처럼 자기 잇속만 차리는 행동과 태도로는 참된 성취를 얻을 수 없었다. 어느 주일 아침 두려움과 근심으로 잠에서 깬 것은 여러 달에 걸친 거만한 태도와 이기심의 결과였다. 외부보다는 내부에 초점을 맞춘 결과였다. 이는 어린 아이가 아이스크림을 너무 많이 먹어서 배탈 나는 것과 비슷했다. 자신의 욕구와 이기심만 충족시키려 했다. 헤더는 영적으로 병들었고, 자신이 그것을 느꼈다.

이혼이 마무리되었을 때, 헤더는 그 교회를 아무런 미련 없이 떠났다. 그처럼 자기 잇속만 차리는 곳에서 벗어나는 것이 얼마나 후련한지 아무에게도 말하지 않았다. 교회로 돌아가고 싶은 마음이 전혀 없었다. 끝장을 낸 것이다.

그리스도의 몸으로 돌아가야 할 시간

4년이 흘렀다. 헤더는 점차 불안해졌다. 이혼의 심한 고통은 누그러졌다. 헤더는 자신의 삶에서 뭔가가 빠진 것을 알았다. 그리스도를 믿는 신자로서 다른 신자들과 교류할 수 있는 교회를 찾아야 했다. 아이들도 교회로 다시 데려가야 했다. 그래서 이 싱글맘은 정착할 교회를 모색했다. 기대감이 높았기에 거듭 실망했다.

헤더는 "교인들 간에 손발이 척척 맞는 교회가 하나도 없어요."라고 어느 이웃 사람에게 말했다. 다들 문제가 많아 보였다.

헤더는 한 교회 목사 부부의 심방을 마지못해 받아들였다. 아이들과 함께 세 차례 예배에 참석한 교회였다. 마음에 들지 않는 교회들 중 그나마 나아보였다. 그러나 헤더는 그 목사 부부에게 꼭 하고 싶은 말이 있었다. 완벽한 자료를 제시할 참이었다.

파운튼힐교회의 목사 부부인 조던과 메건이 헤더의 집에 도착했다. 인사를 나눈 후 헤더가 말했다.

"조던 목사님, 솔직히 말씀드릴게요. 저는 4년 동안 교회를 떠나 있었어요. 수많은 교회를 찾아다녔지만 솔직히 괜찮은 교회를 찾을 수가 없습니다. 파운튼힐교회가 그나마 제일 낫지만, 이 교회 역시 문제를 지니고 있어요."

조던과 메건은 끈기 있고 자상했다. 그들은 비슷한 이야기를 들어왔다. 메건이 말했다.

"헤더, 자매님이 겪은 좋지 않은 경험이 어떤 건가요? 좀더 구체적으로 알면 도움이 될 것 같아요."

"그렇게 물으실 거라고 생각했어요."

헤더가 대답했다.

"이번 주에 저는 '교회가 처음 방문한 사람들을 몰아내는 아홉 가지 방식'이라는 제목의 한 블로그 포스트를 보았어요. 여기 복사해 두었어요. 내가 방문한 교회마다 이 아홉 가지 문제 중 무엇인가가 있었습니다."

조던과 메건은 그 블로그 포스트를 함께 읽었다. 간략하지만 정곡을 찌르는 내용이었다.

교회가 처음 방문한 사람들을 몰아내는
아홉 가지 방식

1. 불친절한 성도 이것은 설문 대상자들에게서 예상되는 반응이었다. 그러나 놀라운 것은 진실하지 않은 호의를 지적하는 이들이 많았다는 점이다. 달리 말해서, 교회를 방문한 이들은 여러 성도에게서 가식적인 친절을 느꼈다.

2. 아이들을 위한 환경이 불안전하고 청결하지 않음 이것은 가장 예민한 반응을 보이는 영역이었다. 만일 당신의 교회가 아이들을 각별히 고려하지 않는다면, 젊은 가족들의 등록을 기대하지 말라.

3. 정보 얻을 곳이 없음 만일 당신의 교회가 정보를 제공할 수 있는 곳을 확실히 마련해 두지 않으면, 처음 온 사람의 재방문 가능성이 절반으로 떨어질 것이다. 정보센터에서도 손님 맞을 안내원이 있어야 한다.

4. 열악한 교회 웹사이트 대부분의 교회 방문자들은 예배에 참석하기 전에 교회 웹사이트에 들어간다고 했다. 그들이 열악한 웹사이트를 보고 나면 예배에 참석하더라도 편견을 갖게 된다. 방문자들이 교회 웹사이트에 반드시 표기해 주기 원하는 두 가지 항목은 주소와 예배시간이다. 이것은 기본이다.

5. 부실한 도로 표지 만일 당신이 어떤 교회를 몇 주 동안 다니고 있다면 도로 표지에 신경 쓰지 않을 것이다. 더 이상 그것이 필요하지 않다. 그러나 손님은 다르다. 그들은

도로 표지가 없으면 실망한다.

6. 교회 내부적인 용어 대부분의 설문 대상자들이 언급한 것은 신학적인 용어가 아니라 성도들만이 아는 용어였다. 예를 들면 이렇다. "GA들이 자주 모이는 방에서 WMU가 CLC로 모일 것입니다."

7. 지루하고 감동 없는 예배 내가 놀란 이유는 이 항목이 포함되어서가 아니라 후순위에 올랐기 때문이다.

8. 자신의 지정석이니 비켜달라고 말하는 교인 이런 일이 몇몇 교회에서 여전히 일어나고 있다.

9. 지저분한 시설 다음과 같은 지적이 있었다. "일주일 내내 청소하지 않은 것처럼 보였다.""어디에도 쓰레기통이 없었다.""화장실이 고속도로 휴게소 화장실보다 더 지저분하다.""예배당 좌석에 얼룩이 덕지덕지하다."

조던도 그 내용을 주중에 읽었다. 무명의 블로거가 이 포스트 하나로 많은 관심을 끌었다. 메건이 말하기 시작했다. "헤더, 참 좋은 내용이에요. 교회 리더들이 그 메시지에 꼭

유의해야 해요. 그러나 교회를 보는 자매님의 시각에 문제가 있어요. 교회에서 무엇을 얻을 수 있을지를 묻지 말고, 교회를 통해 어떻게 섬길 것인지를 물어야 할 겁니다. '제가 원합니다'라는 말보다는 '제가 하겠습니다'라는 말을 깊이 생각해 보세요."

메건의 말을 듣고 헤더의 마음이 흔들렸다. 헤더는 평정심을 유지하려 했지만, 그 말이 계속 그녀를 괴롭혔다. 그 말이 헤더를 그토록 괴롭힌 이유가 무엇일까? 목사 부부가 돌아간 후 헤더는 '내가 너무 예민한 걸까?' 생각했다.

"제가 하겠습니다!" 하고 말하는 성도

그날 밤 헤더는 잠을 설쳤다. 메건의 말이 계속 떠올랐다. "'제가 원합니다'라는 말보다는 '제가 하겠습니다'라는 말을 깊이 생각해 보세요."

한참 뒤척이다가 성경을 폈다. 얼마 전부터 빌립보서를 읽어오던 참이었다. 그날 밤 빌립보서 2장 3-4절 말씀이 가슴 깊이 와 닿았다. "아무 일에든지 다툼이나 허영으로 하지 말고 오직 겸손한 마음으로 각각 자기보다 남을 낫게 여기고 각각 자기 일을 돌볼뿐더러 또한 각각 다른 사람들의 일을 돌보아 나의 기쁨을 충만하게 하라"

"어머나, 바로 이거로군!" 헤더는 혼자 중얼거렸다. "내가 리저렉션거뮤니티에서 그토록 괴로웠던 게 바로 이 때문이네. 내 욕구와 요구에만 집중했어. 다른 이들을 섬기는 데 집중하지 않았던 거야."

또 헤더는 자신이 찾아다니던 교회에 대해 매우 비판적이며 까다로웠음을 깨달았다. "제가 하겠습니다!"라고 기꺼이 말하기보다는 자신의 욕구 만족을 찾고 있었다.

헤더는 파운튼힐교회를 다시 찾아갔다. 이번에는 헤더의 시각이 전혀 달랐다. 헤더는 완벽한 교회란 없음을 알고 있었다. 개선의 여지는 언제나 남아 있을 것이다. 그러나 이제 헤더는 하나님의 능력으로 다른 이들을 먼저 섬길 생각이었다. "'제가 원합니다'라고 말하지 말고, '제가 하겠습니다'

라고 말하라!"를 개인적인 모토로 삼았다.

헤더는 아이들과 함께 그 교회에 등록했다. 그리고 즐겁게 섬기는 성도가 되었다. 헤더의 삶은 '제가 하겠습니다!'의 증언이 되었다. 헤더는 헌신적인 마음으로 섬겼다. 다른 성도들의 실망스러운 모습을 볼 때는 그들을 위해 기도하며 용서했다. 결국 그리스도께서 우리를 위해 큰 대가를 치르면서 그렇게 하신 것이다. 그것은 헤더가 할 수 있는 최소한의 일이었다.

'제가 하겠습니다!' 성도가 되되 율법적인 의무감을 느끼거나 탈진하지 않았다. 기쁨으로 섬겼다.

헤더의 이야기에서 당신의 이야기로

본서의 처음 몇 페이지는 헤더에 대한 내용이었다. 나머지 부분은 그리스도를 믿는 신자이자 성도인 당신에 대한 내용이다. 온전한 기쁨으로 교회에서 섬기는 법에 대한 내용이다. 몸 된 교회의 지체로서 역할을 온전히 감당하는 이야기다. "제가 하겠습니다!"라고 말하는 태도에 대한 내용이다.

본서를 쓰기 전, 나는 그리스도 몸의 일부에 대한, 혹은 기쁨에 찬 성도에 관한 책『I am a Church Member』(아가페북스)를 썼다. 그 책은 해당 분야의 베스트셀러가 되었다. 주제는 기본적인 것이었다. '성경적이면서 기쁜 성도가 되려면 어떤 태도를 지녀야 하는가?'가 주제였다.

이제 우리는 그리스도 몸의 일부가 되는 중요한 다음 단계로 나아간다. 올바른 태도('나는 ~입니다')에서 올바른 행동('제가 ~하겠습니다')으로 나아간다. 이것은 정말 기본적이다. 그리스도 몸의 일부에 대한 성경의 가르침을 배우는 일이다. 그분의 말씀을 통해 그분의 음성을 듣는 것이다.

그리스도께서 교회에서 그분과 다른 이들을 섬기도록 요청하실 때, 당신은 즐거이 응답해야 한다. 그 반응은 바로 "제가 하겠습니다!" 하는 것이다.

◦ 숙고할 사항 🖼

1 지역 교회에 대해 비판적이며 부정적인 견해를 지닌 성도가 많은 이유는 무엇인가?

2 지역 교회가 종교적인 컨트리클럽처럼 보이는 것은 어떤 면에서 그런가?

3 빌립보서 2장 1-11절을 읽어보라. 헌신적인 성도와 관련해 이 본문이 어떻게 가르치는지 토론해 보라.

4 어떻게 교회멤버십의 올바른 태도가 교회멤버십의 올바른 행동으로 자연스럽게 연결되는가?

제가 하겠습니다

아무 일에든지 다툼이나 허영으로 하지 말고
오직 겸손한 마음으로 각각 자기보다 남을 낫게 여기고
각각 자기 일을 돌볼뿐더러 또한 각각 다른 사람들의 일을 돌보아
나의 기쁨을 충만하게 하라

_빌 2:3-4

PART 1

제가 '나는 ~입니다'에서
'제가 ~하겠습니다'로
전환하겠습니다

I will

그것은 내 생애 최고의 날 중 하나였다. 나는 21세의 젊은이였고 깊은 사랑에 빠졌다. 1977년 5월 6일, 나는 여자친구 넬리 조에게 청혼했다. 내 아내가 되어달라고 부탁했다. 그러자 조는 말로 다할 수 없는 은혜의 선물을 내게 주었다. 내 청혼을 받아준 것이다.

우리는 1977년 12월 17일에 결혼하기로 했다. 거의 40년이 지난 요즘도, 나는 5월의 그 놀라운 날을 되돌아보곤 한다. 조의 대답을 생각하면 지금도 가끔 어안이 벙벙하다.

조는 "그래요." 하고 말했다.

●

029

때로 나는 세상 물정을 모르는 얼간이가 된다. 내 성질을 이기지 못하기도 한다. 좋은 일들에 너무 바쁜 나머지 가장 좋은 것을 간과할 수도 있다. 이를테면, 내 가족이나 아내를 소홀히 할 수 있다. 그러나 이 모든 과정에서 넬리 조는 언제나 내 곁을 지켰다. 아내는 나를 사랑해 왔고 나를 용서해 왔다.

한번은 내가 두렵고 떨리는 마음으로 아내에게 물었다. 때로 치졸한 모습을 보이기도 하는 나를 그토록 신실하게 사랑하는 이유가 무엇인지 물었다. 아내의 대답은 믿기 어려울 정도로 간단하고도 심오했다.

"토머스!" 하고 아내가 말을 시작했다. 조는 나를 "토머스"라고 부르는 유일한 사람이며, 나는 이 이름을 좋아한다. "내가 좋을 때나 궂을 때나 당신을 사랑하겠다고 말했을 때, 그게 내 진심이었어요. 우리에게 언제나 평탄한 날만 있진 않을 것을 나는 알았어요. 시련도 있을 줄 알았죠. 하지만 나는 당신에게 헌신했어요. 결심한 거죠. 결혼 첫날 이후로 나는 그런 마음으로 살아왔어요."

마지막 문장에 주목해 보자. "결혼 첫날 이후로 나는 그런 마음으로 살아왔어요."

넬리 조는 결심한 것이다. 자신의 마음자세에 대한 결심이었다.

교회에 대한 우리의 태도

본서는 우리가 교회에서 무엇을 '해야' 하는지에 대한 책이다. 그러나 '행함'에 대한 논의를 진전시키기 전에 우리의 태도 문제를 먼저 다루어야 한다.

올바른 태도 없이 행동하면 우리는 율법주의적인 지침에 복종하게 된다. 낙심에 빠지며 기진맥진하게 된다. 반면 올바른 태도를 지니면 우리의 행함이 자연스러워지며 즐거워진다. 다시 말해, 성경적인 올바른 태도를 지니면 우리는 교회멤버십에서 기쁨을 경험할 것이다. 올바른 태도는 완벽한 교회란 없음을 인식하는 것이다. 우리는 우리를 힘들게 하는 성도가 있을 것을 예상한다. 완벽한 목회자나 사역자가 없음을 인정한다.

그렇지만 우리는 섬기며 행한다. 우리가 섬기며 행하는 것은 율법적 의무감에서가 아니다. 하나님이 우리를 위해 독생자를 통해 행하신 일을 감사하는 마음에서 하는 것이다.

올바른 태도는 정확히 어떤 것인가? 네 가지 성경적인 사례를 보자.

올바른 태도: 나는 연합하는 성도다

한 그룹의 건강은 연합 상태와 직결된다. 이것은 스포츠팀, 사업, 가족에 적용된다. 또 교회의 경우에도 적용된다. 그러나 연합을 위해서는 전제사항이 있다. 개인이 결심할 때 비로소 연합이 가능하다는 것이다. 그룹의 각 개인은 그룹의 유익을 자신의 욕구보다 우선시하기로 결심해야 한다. 올바른 태도를 지닌 개인만이 연합을 도모할 수 있다.

바울은 여러 교회에 쓴 편지에서 연합을 분명하게 강조했다. 에베소교회에 쓴 편지를 읽어보라. "그러므로 주 안에서 갇힌 내가 너희를 권하노니 너희가 부르심을 받은 일에 합당하게 행하여 모든 겸손과 온유로 하고 오래 참음으로 사랑 가운데서 서로 용납하고 평안의 매는 줄로 성령이 하나 되게 하신 것을 힘써 지키라"(엡 4:1-3).

분명히 하자. 성경은 교회에서 연합하는 태도를 지니라고 명한다. 그러기 위해서는 겸손, 온유, 오래 참음, 사랑 가운데서 서로 용납함이 요구된다. 이 요구사항 중 일부가 도외시되는 제직회에 참석해 본 적이 있는가? 이 요구사항 전부가 무시되는 제직회에 참석해 본 적이 있는가? 참된 겸손이 드러나는 제직회에 참석해 본 적이 있는가?

연합은 겸손을 요구한다. 이는 다른 사람을 우리 자신보다 더 낮게 여김을 뜻한다. 연합은 온유를 요구한다. 이는 우리가 자신의 기질을 컨트롤하며, 다른 성도들이 좋은 사람이든 얼간이든 상관없이 그들에게 친절하게 대함을 뜻한다. 연합은 오래 참음을 요구한다. 이는 다른 사람들의 행동과 태도가 낙담스럽고 당황스러울지라도 우리가 많이 인내함을 뜻한다. 연합은 사랑으로 서로 받아들임을 요구한다. 이는 우리가 사람들을 무조건적으로 받아들임을 뜻한다. 그렇다고 죄악 된 행동을 용납한다는 뜻은 아니다. 다만 자비롭게 대한다는 뜻이다.

좋다. 나는 이 사실을 인정한다. 그러나 연합을 위한 요구 사항을 보고서 '난 안돼!'라고 생각한다. 나는 겸손하지 않고, 온유하지 않고, 오래 참지 않으며, 또 어떤 사람들에 대해서는 사랑하지도 않는다.

그러다가 나는 기억한다. 그리스도께서 얼마나 나를 사랑하시는지를 기억한다. 그분이 나를 위해 어떻게 죽으셨는지를 기억한다. 나 자신이 그 사랑을 받을 자격이 없음을 나는 기억한다.

그것은 은혜였다. 전적으로 내 공로와는 무관한 은총이다. 그분의 능력으로 내가 연합의 태도를 지닐 수 있다. 나는 연합의 태도를 지녀야 한다.

올바른 태도: 나는 헌신하는 성도다

이 태도에 대해 의문이 생긴다면 빌립보서 2장 5-8절을 보자.

> 너희 안에 이 마음을 품으라 곧 그리스도 예수의 마음이니 그는 근본 하나님의 본체시나 하나님과 동등됨을 취할 것으로 여기지 아니하시고 오히려 자기를 비워 종의 형체를 가지사 사람들과 같이 되셨고 사람의 모양으로 나타나사 자기를 낮추시고 죽기까지 복종하셨으니 곧 십자가에 죽으심이라

이 말씀을 천천히 다시 읽어보라. 우리는 그리스도의 마음을 지녀야 한다. 십자가에 자신을 내어주신 희생적인 태도다.

나는 아버지가 돌아가시기 전에 더 많은 것을 물어보지 못한 것을 아쉽게 생각한다. 아버지의 삶에 대해 더 많이 들

●

려달라고 조르지 않았던 것이 아쉽다. 나는 할머니가 돌아가시고 나서 아버지가 고모와 삼촌을 위해 어떻게 희생했는지에 대해 더 많이 알고 싶다. 그때 아버지는 불과 열 살이었다. 아버지의 아버지 그러니까 할아버지는 알코올 중독자로 숨을 거두는 날까지 술병을 손에 쥐고 있었다.

나는 아버지가 조국을 위해 어떻게 헌신했는지 더 많이 알고 싶다. 아버지는 제2차 세계대전 때 B21 전투기의 사수였다. 부상을 당해 퍼플하트훈장(Purple Heart: 미국에서 전투 중 부상을 입은 군인에게 주는 훈장)을 받았다. 다른 훈장도 받았다.

나는 아버지가 고향인 사우스 앨라배마의 작은 마을을 위해 어떻게 헌신했는지 더 많이 알고 싶다. 인종갈등이 절정에 달했던 격동의 1960년대와 1970년대에 아버지가 읍장으로서 그 마을을 어떻게 이끌었는지 더 많이 알고 싶다. 그러나 아버지는 내가 28세 때 돌아가셨다. 아버지에게 물어보고 싶은 것들이 많다. 아버지의 용기와 헌신에 대한 이야기에 귀 기울이고 싶다.

우리가 헌신할 때는 그리스도를 본받고 있는 것이다. 다른 이들을 자신보다 우선시할 때 가장 큰 기쁨을 얻게 됨을 우리는 배우고 있다.

바울은 빌립보 교인들에게 이 말씀을 써 보냈다. 성도의 태도에 대한 내용이었다. 빌립보 교인들은 헌신적인 태도를 지녀야 했다. 그것은 2천 년 전의 성도들을 위한 분명하고도 강력한 명령이었다. 오늘날 우리를 위한 명령이기도 하다.

올바른 태도: 나는 기도하는 성도다

그 자매의 이름은 릴리언이다. 내가 플로리다의 세인트피터즈버그에 있는 교회의 목사가 되었을 때, 나는 그녀의 태도를 곧바로 알아차렸다. 분명한 태도였다. 릴리언은 나와 내 사역을 위해 매일 기도하겠다고 말했다. 나는 릴리언이 나를 위해 기도했음을 의심치 않는다. 세인트피터즈버그에서 내 사역이 그토록 복되었던 것이 릴리언의 기도 덕분임을 나는 의심치 않는다.

사도 바울은 교회에서 기도의 힘이 어떠한지를 잘 알고 있었다. 그래서 골로새 교인들에게 이렇게 썼다.

이로써 우리도 듣던 날부터 너희를 위하여 기도하기를 그치지 아니하고 구하노니 너희로 하여금 모든 신령한 지혜와 총명에 하나님의 뜻을 아는 것으로 채우게 하시고 주께 합당하게 행하여 범사에 기쁘시게 하고 모든 선한 일에 열매를 맺게 하시며 하나님을 아는 것에 자라게 하시고 (골 1:9-10)

바울은 기도하는 태도를 지녔다. 또 모든 성도들이 그런 태도이기를 원했다.

디모데전서 3장 7절의 문맥에서도 기도하는 태도를 당부하는 것으로 보인다. "또한 외인에게서도 선한 증거를 얻은 자라야 할지니 비방과 마귀의 올무에 빠질까 염려하라" 이는 목회자의 자격을 설명한 내용이다. 목회자는 외부인에게도 평판이 좋아야 한다.

여기서 "마귀의 올무"를 언급한다. '올무'라는 단어는 성경에 드물게 나온다. 여기서는 다분히 의도적으로 사용되었다. 올무는 목회자와 교회 리더들을 주저앉히기 위한 사탄의 강력한 전략적 위협이다. 이것은 실제적인 위협이며 강한 위협이다.

우리가 어떻게 반응해야 할까? 성경은 영적인 힘인 기도로써 이 영적 실재에 대항해야 함을 분명히 가르친다. 영적 전투에 임하기 위해 하나님의 전신갑주를 입을 것을 당부한 직후에, 바울은 기도 권면으로 마무리한다. "모든 기도와 간구를 하되 항상 성령 안에서 기도하고 이를 위하여 깨어 구하기를 항상 힘쓰며 여러 성도를 위하여 구하라"(엡 6:18). 우리가 교회에서 지녀야 하는 온갖 종류의 태도가 있다. 그중 하나가 기도하는 태도다.

올바른 태도: 나는 기뻐하는 성도다

감사하는 사람이 기뻐하는 사람이라는 사실에 주목한 적이 있는가? 바울은 빌립보교회에 기뻐할 것을 명했으며, 기뻐하는 마음을 감사의 태도와 연관시켰다.

주 안에서 항상 기뻐하라 내가 다시 말하노니 기뻐하라 너희 관용을 모든 사람에게 알게 하라 주께서 가까우시니라 아무 것도 염려하지 말고 다만 모든 일에 기도와 간구로, 너희 구할 것을 감사함으로 하나님께 아뢰라 그리하면 모든 지각에 뛰어난 하나님의 평강이 그리스도 예수 안에서 너희 마음과 생각을 지키시리라 (빌 4:4-7)

진정으로 기쁜 삶을 원한다면 우리는 온유하며 관대해야 한다. 염려하는 대신에 기도해야 한다. 기도할 때는 감사하는 마음으로 해야 한다.

GCM을 본 적이 있는가? GCM은 '까다로운 성도'(grumpy

church member)를 가리키는 약자다. 이들은 제직회 때 걸핏하면 불평한다. 목사와 사역자들을 줄곧 비판한다. 이들에게 교회는 일정 회비를 내고서 자신의 혜택과 특권을 챙기는 단체다. 원하는 것을 챙기지 못할 때는 까다롭게 굴며 분열을 조장한다.

이들을 JCM('기뻐하는 성도', joyous church member)과 대조해 보라. 기뻐하는 성도는 자신이 받은 축복을 생각한다. 다른 신자들과 함께 예배드릴 수 있는 자유와 기회 주심에 감사한다. 그리고 목사와 사역자와 동료 성도들을 줄곧 격려한다.

JCM은 항상 감사한다. GCM은 걸핏하면 불평하며 불만을 표한다. JCM은 다른 이들을 격려할 기회를 찾는다. GCM은 틈만 나면 흠을 잡고 결함을 찾아낸다. 어떤 성도는 기뻐하고 어떤 성도는 불평하는 것도 바로 이 때문이다. 이것은 모두 태도 문제다.

우리는 구원의 선물을 받고서 그리스도 몸의 일부가 되었다. 이 선물을 성경이 어떻게 묘사하는지 보라. "너희는 그리스도의 몸이요 지체의 각 부분이라 하나님이 교회 중에 몇을 세우셨으니"(고전 12:27-28).

무슨 말씀인지 이해했는가? 우리가 구원의 선물을 거저 받았을 때, 그리스도 몸의 일부가 되는 멤버십도 선물 받았다. 그리스도의 몸인! 교회의 멤버십은 하나님이 주신 선물이다.

선물을 받을 때 우리는 기뻐하며 감사해야 한다. 진정 이것은 우리 태도의 문제다.

'나는 ~입니다'에서
'제가 ~하겠습니다'로 전환할 때

당신의 태도가 당신이 어떤 사람인지 결정한다. '나는 기뻐한다.' '나는 화를 잘 낸다.' '나는 감사한다.' '나는 시기심이 많다.'

당신은 무슨 말인지 이해했을 것이다. 우리의 태도는 행동의 원천이다. 만일 내가 기뻐하는 태도를 지니고 있다면 다른 사람을 격려하는 성향을 보일 것이다. 만일 내가 화를 잘 낸다면 비판적인 성향을 보일 것이다.

본장의 서두로 돌아가자. 이번에는 넬리 조와의 결혼생활을 내 관점에서 이야기해 보려 한다. 내가 건강한 태도를 갖추고 있다고 가정하자. 나는 아내를 무조건적으로 사랑한다. 아내의 약점보다 강점에 집중한다. 아내는 하나님이 내게 주신 선물이므로 나는 아내를 고맙게 여긴다.

만일 내가 아내를 섬기지 않고, 데이트를 신청하지 않으며, 격려의 말을 건네지도 않고, 또 둘만의 시간을 거의 갖지 않는다면, 내 좋은 태도에 대해 아내는 어떻게 생각할까? 가식적이며 신실하지 못하다고 생각할 것이다. 내 헌신에 대해 의심스러워할 것이다. 아내는 내가 진정으로 결혼생활에 헌신하고 있는지 궁금해할 것이다.

아마 많은 성도들이 좋은 태도를 지니고 있을 것이다. 투덜대거나 불평하거나 트집 잡거나 뿌루퉁한 사람에 속하지 않을 것이다. 올바른 생각을 할 것이다.

나는 그들에게 간단한 질문을 던지고자 한다. 당신의 태도가 당신의 행동에 반영되어 있는가? 이 질문의 의도를 명확히 하기 위해 한 가지 예를 들겠다.

몇 해 전 우리는 일주일에 세 차례 정도 교회모임에 참석하는 이들을 가장 활동적인 성도로 보았다. 그들은 주일 오전 성경공부나 주일 오전 예배에 참석했으며, 주일 저녁 예배(또는 행사)나 수요모임에 참석하기도 했다.

불과 몇 년 만에 기준이 많이 변했다. 요즘 소위 박식하다는 사람들 중에는, 한 달에 세 차례 이상 교회 예배나 행사에 참석하는 교인을 활동적인 성도로 규정하는 이들이 많다. 이해했는가? 활동적인 성도가 이제 일주일에 세 차례에서 한 달에 세 차례로 재규정된다!

이해는 된다. 그러나 이렇게 반문하고 싶다. 만일 당신이 배우자와 함께하는 시간을 75퍼센트 줄이기로 결심한다면, 과연 당신의 배우자는 당신이 여전히 자신에게 헌신적이라고 생각하겠는가? 심지어 가장 헌신적인 성도 중에도 이런 일이 일어나고 있다.

결심할 때다. 교회멤버십의 혁신을 도모할 때다. 율법주의적인 의무감에서가 아니다. 우리가 행동을 헌신과 동일시하기 때문이 아니다. 그리스도의 신부인 교회를 향한 우리의 근사한 태도가 교회를 위한 근사한 행동이라는 결과를 낳기 때문이다.

당신은 이 혁신에 동참하겠는가? 당신의 삶 전체를 그리스도의 교회를 통해 그분께 헌신할 것을 기도하는 마음으로 깊이 생각해 보겠는가? 그리스도의 몸이 새로워진 노력과 새로워진 열심으로 강력히 연합함에 따라, 세상을 변화시켜 나갈 운동에 당신도 참여하겠는가?

지금이 그럴 때다. 그리스도께서, 모든 성도가 자아를 버리고 그리스도를 위해 다른 이들을 섬길 것을 요청하신다. 그렇게 함으로써 신약성경에서 볼 수 있듯이, 우리 교회가 우리의 최우선순위와 초점이 된다.

하나님의 이 같은 부르심을 주의 깊게 경청하라. 그분의 교회에서 어떻게 헌신할 수 있을지에 대해 경청하라. 하나님이 당신 앞에 두신 행동 계획을 이해하기 시작할 때, '제가 하겠습니다!'라고 응답할 준비를 갖추라.

∶ 숙고할 사항 🖼

1 에베소서 4장 1-3절이 동료 성도들과의 관계에서 어떤 작용을 하는지 설명해 보라.

2 몇 해 전에 비해, 요즘 성도들이 교회에 덜 헌신하는 이유가 무엇이라고 생각하는가?

3 빌립보서 2장 5-8절을 다시 읽어보라. 이 구절이 오늘날 교회에서의 헌신과 어떻게 연관되는가?

4 교회를 위한 당신의 헌신이 5년 전에 비해 더 깊어졌는가, 아니면 더 얕아졌는가? 그 이유는 무엇인가?

너희 안에 이 마음을 품으라 곧 그리스도 예수의 마음이니
그는 근본 하나님의 본체시나 하나님과 동등됨을 취할 것으로
여기지 아니하시고 오히려 자기를 비워 종의 형체를 가지사
사람들과 같이 되셨고 사람의 모양으로 나타나사 자기를 낮추시고
죽기까지 복종하셨으니 곧 십자가에 죽으심이라

_빌 2:5-8

PART 2

제가 다른 이들과 함께
예배드리겠습니다

I will

나름대로 헌신하는 그의 모습은 칭찬받을 만했다. 그는 예배에 꼭 참석하기로 결심했다. 예배에 빠지지 않기로 마음먹었다. 그날은 날씨가 무지 나빴다. 비는 계속 내리고 40도를 웃도는 무더위였다.

나쁜 날씨 탓에 그는 시간을 맞출 수 없었다. 자리 잡기도 힘들었다. 그러나 인내했다. 좌석이 불편했지만 자리를 떠나거나 불평하지 않았다. 꿋꿋이 자리를 지키는 모습은 사랑과 헌신의 표시였다.

그는 줄곧 기뻐했다. 동료 신자들과 함께 있는 것을 즐거

위했다. 그의 태도와 예배 참석과 열정은 깊고 풍성한 헌신을 반영하는 것이었다.

어느 토요일 오후, 그는 대학 미식축구 경기를 뛰었다. 그런데 다음 날 예배에 참석하지 못했다. 경기 때문에 몹시 지쳤다. 비가 온 확률도 40퍼센트나 되었다.

다른 이들과 함께

참된 예배는 그리스도의 위엄을 진심으로 인정하는 데서, 그리고 오직 복음에서만 찾을 수 있는 은혜를 깨닫는 데서 비롯된다. 일상생활의 실천적인 경험 속에서 이 진리를 인정하는 것이 하나님과의 관계에서 필수적이다.

참된 예배는 항상 하나님의 위엄에 대한 개인적인 반응의 표현임과 더불어, 다른 신자들과 함께하는 경험 속에서 표현되는 것이기도 하다. 이를 가리켜 우리는 공동예배라 부른다. 어떤 이들은 예배를 '교회에 가는 것'이라 표현한다.

여러 교회에게 보낸 바울의 편지와 사도행전에 나오는 초대교회 이야기를 나는 좋아한다. 사도행전 2장에서 베드로가 오순절에 설교한 후, 예루살렘교회는 공동예배로 모이기 시작했다. 사도행전 2장 46-47절은 내가 좋아하는 본문 중 하나다.

날마다 마음을 같이하여 성전에 모이기를 힘쓰고 집에서 떡을 떼며 기쁨과 순전한 마음으로 음식을 먹고 하나님을 찬미하며 또 온 백성에게 칭송을 받으니 주께서 구원 받는 사람을 날마다 더하게 하시니라

이는 '교회에 가는 것'이다!

그들은 이 일에 '힘썼다.' 그들이 모인 것은 율법적인 지침을 점검하기 위해서가 아니었다. '힘썼다'는 것은 열정과 마음과 소원을 시사한다.

그들은 '기뻐했다.' 하나님께 초점을 맞추기 때문에 기뻐하지 않을 수 없었다. 그들은 예배 경험을 위해 모인 것이 아니다. 예배 중에 하나님을 체험하기 위해 모였다.

그들은 '겸손한(순전한) 마음'을 지녔다. 이는 그들이 자신보다 다른 이를 우선시했음을 뜻한다. 그들은 찬양 스타일이 자신의 취향에 맞지 않다거나, 설교가 너무 길다거나, 자신의 좌석을 다른 사람이 가로챘다며 불평하지 않았다. 하나님과 다른 이들 앞에서 겸손했다.

그들은 '온 백성에게 칭송받았다.' '온 백성'이란 교회 밖의 사람들, 곧 불신자를 가리킨다. 신자들의 기뻐하는 태도와 증언을 통해 하나님이 놀라운 결과를 이루셨다. "주께서 구원 받는 사람을 날마다 더하게 하시니라"(행 2:47).

성경적인 관점의 공동예배는 오늘날 많은 교회에서 행해지는 것과 현저히 다르다. 우리는 자기중심적인 욕구 충족을 위해 '교회에 가서는' 안 된다. 우리는 다른 신자들과 함께 섬기면서 유일하고 참되신 하나님을 예배하러 간다.

아처볼드 가족을 만나다

내가 어렸을 때 아버지는 매년 여름 한 곳에서 휴가를 즐겼다. 플로리다의 파나마시티비치였다. 매년 우리는 '벨에어'라는 같은 모텔에 묵었다. 매번 2주 동안이었다. 또 우리는 매년 7월에 휴가를 떠났다.

아버지는 휴가 보내는 법을 잘 알았다. 일에서 철저히 손을 뗐다. 깊은 바다에서 낚시를 했는데, 게를 잡아서 요리했다.

아버지는 휴가기간 중 한 주나 두 주를 다른 가족과 함께 보냈다. 나는 여러 친구들과 함께 휴가를 즐겼던 기억을 자주 떠올린다. 특별히 기억나는 사람은 아처볼드 가족이다. 이들이 기억에 남는 이유는 아버지의 휴가방식과 다른 점이 있었기 때문이다.

토요일 밤 그들은 우리 가족에게 말하기를, 다음 날 오전에는 함께하지 못할 거라고 했다. 교회에 가야 했기 때문이다.

'가만 있자….' 나는 생각했다. 우리는 휴가 중이었다. 그것은 교회를 포함한 모든 것으로부터의 휴가를 뜻한다. 그들은 어떻게 교회에 갈 수 있었을까? 평소에 다니던 교회까지 가려면 차로 세 시간 달려야 하는 거리였다.

훗날에야 나는 아처볼드 가족이 지역 교회에 얼마나 헌신적인지 알게 되었다. 타지에 머무는 동안에도 그들은 가까운 교회에 나갔다. 의무감에서가 아니라 기쁜 마음으로 그렇게 했다.

내 어릴 적 기억에 따르면, 그들은 함께 교회에 가지 않은 우리 가족을 비난하지 않았다. 그 결정은 그들만의 것이었다. 우리가 함께 가자고 했으면 환영받았겠지만, 그들은 그 문제를 강요하지 않았다.

무려 반세기가 지난 요즘도 아처볼드 가족이 생각난다. 기쁨에 넘쳤던 그들의 모습이 기억난다. 그들의 헌신이 기억난다. 그들이 예배드리러 갔던 그 주일이 기억난다.

떨떠름한 참석에서 즐거운 헌신으로

교인들에게 예배 참석을 간청하는 교회가 많다. 그런데 터무니없는 핑계를 대는 교인들이 많다. 축구 또는 야구 경기, 자녀의 운동 경기, 집안 행사, 가족 여행 또는 수면 부족 등의 핑계다. 많은 그리스도인들에게 다른 일은 의무이나 예배는 추가적인 선택사항이다.

예수님이 우물가에서 사마리아 여인을 만나셨다. 우리는 이 이야기를 알고 있다. 예수님이 그 여인에 관해 알고 계셨음을 우리는 알고 있다. 여인은 놀랐다. 요한복음 4장 23-24절에서 예수님이 여인에게 하신 마지막 말씀이 기억나는가? "아버지께 참되게 예배하는 자들은 영과 진리로 예배할 때가 오나니 곧 이 때라 아버지께서는 자기에게 이렇게 예배하는 자들을 찾으시느니라 하나님은 영이시니 예배하는 자가 영과 진리로 예배할지니라" 이는 예배에 전념할 것을 선언하신 말씀이다. 하나님은 이런 예배를 원하신다.

예수님이 승천하신 후 신자들은 함께 모여 예배를 드렸다.

예배는 하나님이 우선시하시는 일이다. 우리도 마땅히 그래야 한다.

빌레몬에게 보낸 편지에서 바울은 "네 집에 있는 교회"(몬 1:2)를 언급했다. 다른 편지에서도 그랬듯이, 그는 하나님을 예배하려고 함께 모인 신자들의 교회에 말했다. 그것은 자발적이며 기쁜 모임이었다.

공동예배는 여러 선택사항 중 하나가 아니다. 모든 신자들이 일관되게 지속적으로 실행해야 하는 일이다. 신약성경에 나오는 교회의 교인들처럼, 그리고 아처볼드 가족처럼 말이다. 우리는 다른 신자들과 함께 예배드린다.

이기적인 취향에 이끌리는 교회로 향해가는 끔찍스러운 변화

내가 구체적인 자료를 제시할 수는 없으나 분명한 사실이 있다. 20세기의 언제부터인가 특히 미국에서, 신자들은 하나님을 향한 헌신적인 예배와 봉사의 태도에서 소비자 중심적인 이기적인 태도로 변하기 시작했다. 끔찍스러운 변화다.

어떤 이들은 우리 문화의 세속화를 탓한다. 다른 이들은 교회의 신학적 퇴화를 지적한다. 그런가 하면 지역 교회 리더들이 기업모델을 도입하여 교회를 소비자 중심적인 단체로 전락시켰다고 말하는 이들도 있다.

이런 설명도 일리가 있을 것이다. 그러나 확실하게 말할 수 있는 한 가지가 있다. 초점을 하나님께 맞추지 않는 예배가 무척이나 많다는 것이다. 우리는 자신의 자아와 욕구와 취향에 초점을 맞춘다. 내 블로그 'ThomRainer.com'에 실린 문구에서 이런 모습을 엿볼 수 있다.

'저 찬양은 내게 익숙한 스타일이 아니야. 저것을 바꾸지 않는다면 나는 교회를 떠날 거야.' 예배 스타일과 관련한 대립이 여러 교회에 피해를 끼쳐왔다. 교회가 분열된다. 성도들이 발길을 끊는다. 제직회에서 언쟁이 고조된다. 목사와 예배담당 사역자들이 사임을 강요받는다.

예배나 찬양 스타일의 취향을 무시해야 한다는 말은 아

니다. 이 문제에 대해 우리는 자유롭게 논의하며 선택할 수 있다. 그러나 정중함을 결여했거나 거친 말은 죄악이며 이기적인 것이다. 교회 분열은 예배 탓이 아니다.

'나는 목사의 설교가 싫어.' 여기서 분명히 할 것이 있다. 우리는 목사가 하나님 말씀을 설교하기를 기대해야 한다. 그런데 자신의 취향에 이끌리는 성도들은 다른 데 관심이 있다. 그들은 자신의 취향에 맞는 설교를 원한다. 그들은 목사가 최신식의 가장 인기 있는 팟캐스트 설교자를 흉내내길 원한다. 사실 자신이 정한 성경본문과 주제가 매주 설교되도록 지정하려는 성도가 많다. 그들의 관심은 하나님 말씀이 선포될 때 하나님을 예배하는 데 있는 것이 아니라 자신에게 있다.

그들의 초점이 '하나님'에서 '자아'로 바뀌었다. 그들은 동료 신자들과 함께 하나님께 예배드리는 것을 무시한다.

'나는 예배시간에 불편해.' '누군가가 내 좌석을 차지하고 있다.' '의자 쿠션이 불편하다.' '예배시간이 싫다.' '찬양이 너무 시끄럽다.' '앉는 자리가 너무 비좁다.'

당신은 무슨 뜻인지 이해했을 것이다. 공동예배 시간이 나 자신을 위한 것이다. 이 시나리오에서는 하나님을 발견하기 힘들다. 모두 나를 위한 것이다. 하나님과는 무관하다.

공동예배와 관련하여 "제가 하겠습니다!"라고 말할 때다

'공동'이라는 말에 대한 여러 정의 중 하나로 '더 큰 유익을 위해 함께 모인 연합된 그룹'이라는 뜻이 있다. 예배할 때 우리는 마음을 하나님께 집중한다. 공동예배를 드릴 때 우리는 다른 신자들과 함께 하나님께 마음을 집중해야 한다. 하나님을 예배하기 위해 신자들이 함께 연합한 곳에는 강력한, 심지어 이적적인 그 무엇이 있다.

그러면 공동예배에 진정으로 전념하기 위해서는 어떻게 해야 할까? 어떻게 하면 우리 자신에게서 하나님께로 초점을 전환할 수 있을까? 다음 네 가지 간단한 행동강령을 숙고해 보자.

'제가 예배에 참석하겠습니다.' 예배를 우선시하는 삶이 복되다. 공동예배의 우선순위를 무시하는 사람도 있다. 예배 불참에 온갖 핑계를 다 댄다. 그러나 스포츠나 여흥 또는 휴가보다 공동예배를 우선시할 때 어떤 일이 일어나는지 보라. 매주 예배에 참석하여 하나님께 헌신하는 모습을 보일 때 어떤 일이 일어나는지 보라.

'제가 예배 참석 전에 기도하겠습니다.' 때로는 예배 전날 밤에 기도할 수 있다. 예배드리는 날 아침에 기도할 수도 있다. 나는 올바른 예배태도를 위해 기도할 것이다. 예배 중에 하나님의 음성을 듣게 해주시길 기도할 것이다. 함께 예배드리는 다른 이들을 위해 기도할 것이다. 나는 우리 가족이 예배 전에 다투거나 실망하지 않기를 기도할 것이다.

'제가 예배 처소에 들어가면서 기도하겠습니다.' 나는 나 자신의 마음과 태도를 위해 다시 기도할 것이다. 함께 하나님을 예배하는 동료 신자들을 위해 다시 기도할 것이다. 나는 불신자들이 복음을 분명하게 듣도록, 그리고 하나님의 영이 그들로 하여금 죄를 자백하며 구주로 받아들이게 해주시기를 기도할 것이다. 끝으로 나는 모든 불화가 제거되어 우리가 모두 하나님을 향한 참된 예배에 집중할 수 있기를 기도할 것이다.

'제가 비판자 대신 예배자가 되도록 기도하겠습니다.' 공동예배를 마치고 나가면서, 마치 올림픽 행사를 평가하듯 하는 경우가 많다. 목사의 설교에 '7점'을 매기거나 예배인도자에게 '6점'을 매기기도 한다. 좌석 끄트머리에 앉아서 중간자리로 들어가기 힘들게 했던 예배자들에게는 '3점'이라는 낮은 점수를 매길 수도 있다.

이처럼 평가하는 태도를 지닐 때, 우리는 하나님을 예배한 것이 아니다. 우리 자신을 즐겁게 해줄 행사에 참석했을 뿐이다. 우리는 공동예배의 이모저모를 평가하는 대신 하나님을 예배하도록 기도해야 한다. 다른 이들에게 초점을 맞추는 대신 하나님께 초점을 맞추도록 기도해야 한다.

공동예배 혁신

서글프고도 놀라운 현실이다. 많은 교인들이 한 달에 두 번이나 한 번 정도 예배에 참석하는 것도 양호하게 여긴다. 불과 수십 년 사이에 공동예배에 대한 헌신 수준이 가파르게 하락했다.

공동예배 혁신을 도모할 때다. 삶에서 신자들의 모임을 우선시할 때다. 예배 참석을 여러 선택사항 중 하나로 여기기를 멈춰야 할 때다. 지금이야말로 진정으로 공동예배 혁신을 위한 때다.

당신은 이 혁신에 함께하겠는가? 당신은 이 일을 삶에서 우선시하겠는가? 하나님께 받은 열심과 진지함으로 헌신할 수 있겠는가?

나는 다른 이들과 함께 예배할 것이다.

: 숙고할 사항 🖼

1 지난 수십 년에 걸쳐 예배에 대한 헌신도가 쇠퇴해 온 사실을 돌이켜보라. 이런 현상이 일어난 이유가 무엇이라고 생각하는가?

2 공동예배에 더 전념하기 위해 우리가 곧바로 취할 수 있는 행동은 무엇인가?

3 사도행전 2장 41-47절을 읽어보라. 초대교회 신자들의 헌신 수준이 높았던 이유는 무엇인가?

4 요한복음 4장 21-24절을 읽어보라. "영과 진리로" 하나님을 예배하라는 예수님의 말씀은 무슨 뜻인가?

PART 3

제가 다른 이들과 함께
성장하겠습니다

I will

내가 그 교회를 떠난 지 32년이 지났다. 앨라배마 주 애니스턴에 위치한 골든스프링스침례교회였다. 나는 이 교회의 창립 50주년 기념예배에서 설교하는 영예를 얻었다.

이 교회의 사람들은 내게 각별한 의미가 있다. 이들은 직업적인 목회의 길로 부르심을 받은 내게 큰 도움을 주었다. 그 소명에 응답하기 위해 아내와 나는 도매금융의 세계를 떠나 신학교로 갔다.

이 교회에서 사랑하는 사람들을, 내게 많은 것을 투자해

준 사람을 여럿 만났다. 스티브가 그중 하나다. 기념예배 당일에 스티브가 익살스럽게 나를 맞이했다. "저 발코니 기억나요?" 하고 물었다. 물론 기억났다. 증축 과정에서도 주일 성경 반을 위해 유일하게 남겨진 공간이었다. 내가 인도했던 그 성경 반은 발코니에서 모였다. 좋은 날들이었다.

내 마음을 끈 것은 발코니 그 자체가 아니었다. 발코니는 나와 스티브를 연결시키는 매체였다. 그룹활동을 함께했던 까닭에, 32년이 지난 지금도 우리는 서로 연결되어 있다. 당시 우리는 그 모임을 '주일 성경 반'이라 불렀다. 지금도 그렇게 부른다. 다른 사람들은 소그룹, 생명그룹, 홈그룹 등 다양한 이름으로 불렀다.

중요한 사실은 스티브와 내가 한 그룹에서 평생토록 이어지는 관계를 맺었다는 것이다. 그래서 30여 년이 지났음에도 우리는 그룹 모임으로 모였던 발코니를 여전히 기억했다.

그때의 교회 그룹과 지금의 그룹

32년 전보다 더 이전으로 돌아가자. 예루살렘에 기독교 교회가 처음 생긴 2천 년 전으로 돌아가자. 앞 장에서 우리는 사도행전 2장 본문을 공동예배라는 문맥에서 보았다. 이제 함께 모인 교회 그룹이라는 문맥에서 사도행전 2장 46절을 보자. "날마다 마음을 같이하여 성전에 모이기를 힘쓰고 집에서 떡을 떼며"

초기 신자들이 서로 만났던 두 가지 모임에 주목해 보라. 그들은 성전 경내에서 예배하러 모였고, 또 집에서 그룹으로 모였다. 초대교회의 건강은 큰 모임, 작은 모임과 복잡하게 결부되어 있었다. 이 둘 중 하나가 아니라 둘 다 중요했다.

이것은 교회사 전반에 걸쳐 지속되어 온 주제다. 교회에 다니는 사람들은 대그룹과 소그룹으로 모였다. 물론 핍박을 피해 교회가 지하로 숨어야 했던 예외 상황도 있었다. 그러나 대부분은 소그룹이 교회의 건강과 결부되었다.

2천 년 후로 돌아가자. 몇 년 전 나는 어떤 조사 작업을 진행하던 중에 소그룹의 힘을 새삼 자각하게 되었다. 그 조사결과를 『높은 기대』(High Expectations)라는 책에 실을 참이었다.

조사 팀더러 현재 출석 중인 교회에 5년 이상 다니고 있는 교인 수백 명에 대하 자료를 조사하게 했다. 그 교인들 중에 대예배에만 참석하는 이들과 소그룹에도 참석하는 이들을 구분해 달라고 교회 측에 부탁했다.

그 결과는 놀라웠다. 어떤 형태로든 교회의 소그룹에 관여하는 교인들이, 대예배에만 참석하는 이들보다 5년 후에 그 교회에서 여전히 활동적일 확률이 다섯 배 정도 높았다. (다른 지역으로 이사하거나 교인 자격을 박탈당한 자들의 경우는 포함시키지 않았다.)

나는 그 결과를 재차 점검했다. 소그룹에 관여하는 자들의 83퍼센트 이상이 기존 교회에서 계속 활동했다. 그러나 대예배에만 참석하는 자들 중 5년 후 교회에 남은 이들은 16퍼센트에 불과했다.

나는 조사작업을 많이 진행해 왔고 관련서적도 많이 읽

제가 하겠습니다

었다. 그러나 이 결과는 내가 본 것 중에서 가장 놀라운 사례에 속한다.

이것은 본장의 핵심 주제와 관련된다. 우리는 혼자 고립되어서는 효과적으로 성장하지 못한다. 대예배 참석은 당연한 것이고, 교회의 여러 그룹에도 속할 필요가 있다. 소그룹, 주일 성경공부 반, 삶을 나누는 모임, 가정 모임 등 말이다.

왜 그럴까? 그룹이 지역 교회에서 이토록 중요한 이유가 무엇인가? 교인들이 지역 교회에 흡수되도록 돕는 것은 그룹의 어떤 요소인가? 네 가지 주요 요소를 들 수 있다.

관계 요소

본장 서두에서 언급한 스티브를 기억하는가? 내게 교회 발코니를 상기시킨 친구다. 무려 30여 년이 지난 지금 내가 스티브에 대해 쓰는 이유를 알고 있는가? 우리가 굳건한 관계를 맺었던 것은 3년 동안 같은 그룹에 있었기 때문이다.

우리는 매주 만났지만 단순한 만남 그 이상이었다. 우리 그룹은 각자의 집에서 즐거운 친교시간을 보냈다. 함께 야구 경기 관람을 갔고, 사역과 선교도 함께했다. 우리는 연결되었다. 공동의 그룹 때문에 연결되었다.

이제 나는 그룹, 교회 그리고 당신에 대해 담대히 말하려 한다. 불쾌하게 여기지 말고 끝까지 들어주기 바란다.

만일 당신이 어떤 그룹에도 속해 있지 않다면, 교회에 진정으로 헌신한 것이 아니다. 만일 당신이 어떤 그룹에도 속해 있지 않다면, 기껏해야 가장자리 성도일 뿐이다. 만일 당신이 어떤 그룹에도 속해 있지 않다면, 현재 다니는 교회에서 떨어져 나갈 가능성이 크다. 만일 당신이 어떤 그룹에도 속해 있지 않다면, 나태한 그리스도인일 수 있다. 당신이 매우 게으르고 비헌신적인 그리스도인일 수 있다는 뜻이다.

이는 당신이 다른 그리스도인들과 함께 영적으로 성장하려 하지 않음을 뜻한다. 만일 당신이 '로운 레인저' 기독교를 괜찮은 것으로 여긴다면, 신약성경을 다시 읽어볼 필요가 있다(로운 레인저는 TV 서부영화 시리즈 "더 로운 레인저"의 주인공을 가리키며, 서부 개척 시대에 홀로 말을 타고 다니며 악당을 물리치는 것으로 묘사되는 고독한 인물이다–역자 주). 지금은 수많은 성도들이 교회 안의 그룹을 통해 서로 연결될 때다.

사역 요소

골든스프링스침례교회에서 내가 많은 젊은이들과 친밀해진 이유 중 하나는, 우리가 사역과 선교를 함께했기 때문이다.

그 교회에서는 모든 장년 그룹이 여러 면에서 '교회 안의 교회' 역할 하기를 기대했다. 그래서 우리는 서로 돌보았다. 내 아내 넬리 조가 출산 후 퇴원했을 때, 그룹원 중 누군가가 음식과 기도로 함께해 주었다.

우리는 서로 어려운 형편을 보살폈다. 조지가 실직했을 때는 그 가족의 재정을 돕기 위해 그룹원들이 돈을 모았다. 우리 그룹이 보살폈던 한 가족을 나는 결코 잊지 못한다. 다섯 아이를 둔 싱글맘 가족이었다. 그녀는 남편에게 학대당하다가 결국 버림받았다. 우리는 그녀에게 제2의 가족이 되었다. 그녀가 재혼하여 자립할 때까지 2년 동안 우리 그룹이 꾸준히 보살펴주었다.

이것은 단지 몇 가지 사례일 뿐이다. 이런 이야기는 전 세계의 수많은 성도들에게서 들을 수 있고 또 앞으로도 들릴 것이다. 그룹을 통해 행하는 사역이 매우 많다.

간단히 말해, 서로 잘 알 때 더 많이 사역할 수 있다. 그리고 다른 성도들을 알 수 있는 주요한 방법은 그룹에 속하는 것이다.

가르침의 요소

성경에 대한 진리를 배울 수 있는 방편은 다양하지만, 교회사 전반에 걸쳐 일관되게 입증되어 온 세 가지 방편이 있다. 물론 하나님 말씀을 전하는 설교가 가장 중요한 방편이다.

바울은 여러 차례에 걸쳐 설교의 중요성을 언급했다. 예컨대, 고린도교회에 보낸 편지에 "내가 그리스도의 복음을 위하여 드로아에 이르매 주 안에서 문이 내게 열렸으되"(고후 2:12)라고 썼다.

우리는 앉아서 설교 말씀을 들을 때 성경 진리를 배우게 된다. 이는 공동예배의 핵심 국면 중 하나다.

또 우리는 개인적인 공부를 통해 성경을 배운다. 나는 성경통독을 위해 매일 성경을 읽는다. 구약성경, 신약성경, 시편 그리고 잠언의 일부를 매일 읽는다. 여러 해 동안 이어온 이 습관을 통해, 매일 새로운 내용을 배우면서 놀라움을 금치 못한다. 나는 하나님 말씀 공부하기를 좋아한다.

세 번째 가장 흔한 방편은 교회 안의 소그룹에서 성경을 배우는 것이다. 같은 성경구절을 공부하는 다른 이들과 교류하는 때가 매우 귀한 배움의 시간 중 하나다. 잠언 27장 17절은 그룹 모임을 갖는 이들에게 적용될 수 있다. "철이 철을 날카롭게 하는 것 같이 사람이 그의 친구의 얼굴을 빛나게 하느니라"

짐은 내가 가장 좋아하는 그룹 성경공부 교사다. 오래 전 우리 젊은이들이 성경구절을 놓고서 씨름할 때, 짐은 그룹원들의 견해를 끈기 있게 경청하곤 했다. 돌이켜 보면, 우리 논의 중 일부가 전혀 설득력이 없었음을 새삼 느낀다. 그러나 짐은 우리를 무시하지 않았다. 우리의 토론이 성경적인 주제에서 벗어날 때도 짐은 인내했다.

짐은 질문을 던졌다. 좋은 질문들이었다. 그 질문은 우리를 깊이 생각하게 만들었다. 그래서 우리는 서로 상대방의 '철을 날카롭게' 했다. 서로 배우고, 서로 격려하며, 서로 도전이 되었다. 우리가 그럴 수 있었던 것은 그룹에 속했기 때문이다. 그룹은 중요하다.

복음전도 요소

모든 그룹이 복음전도적이지는 않다. 그러나 어떤 그룹도 복음전도적일 수 있다. 예를 들어보자.

로저는 내성적이다. 내가 잘 안다. 나도 그렇다. 로저는 복음을 다른 사람들과 함께 나눌 것을 성경에서 명한다고 생각했다. 또 자신의 내향성을 핑계로 불순종해서는 안 됨을 알았다.

누구와도 스스럼없이 이야기하는 진(Gene)과 점심식사를 함께할 때면 자신이 부끄러웠다. 진이 음식 나르는 직원과 대화를 시작하면, 로저는 물끄러미 보면서 듣고 있기만 했다. 진이 복음에 대한 대화로 쉽게 옮겨가는 것이 놀라웠다. 진은 매번 그렇게 했다.

그래서 로저도 시도했다. 어려움을 느꼈지만 시작했다. 처음에는 역시나였다. 자신의 무능함만 뼈저리게 느꼈다. 그래서 시도를 중단했다.

어느 날 로저는 에단이라는 이웃과 이야기를 나누고 있

었다. 로저는 에단이 비그리스도인임을 알고 있었다. 사실 에단은 예수님을 하나님의 아들로 믿지 않는다며 퉁명스럽게 말했다.

그래서 로저는 다르게 접근했다. 단지 그에게 "에단, 서로 불편할 대화를 강요하고 싶은 마음은 없어요. 우리 성경공부 모임에 몇 주 동안만 참석해 보시겠어요? 좋은 사람들이 모여요. 에단 씨가 아는 사람도 있어요. 일단 와보고 마음에 들지 않으면 계속 참석하지 않아도 돼요."

놀랍게도 다음 주에 에단이 참석했다. 그 다음 주 또 그 다음 주도…. 정말 놀랍게도 에단은 그리스도를 주님으로 고백하고 교회에 합류했다. 그의 아내도 함께했다. 10대인 두 딸도 역시 함께였다.

그렇다. 로저는 내성적이다. 그러나 성경공부 그룹에 누군가를 초청할 수는 있다. 로저는 놀랐다. 네 사람을 전도한 셈이다. 에단이 그룹 모임에 참석하기 시작하면서 시작된 일이다. 그룹은 중요하다.

왜 그룹이 중요한가

본장 전체가 그룹의 중요성에 대한 이야기다. 이제 그룹과 관련된 네 가지 핵심적인 사실에 초점을 맞추자.

'첫째, 교회의 건강은 교회 안 그룹의 건강과 직결된다.' 만일 당신이 소그룹이나 주일 성경공부 반 또는 다른 어떤 그룹에도 속해 있지 않다면, 당신은 교회의 건강에 기여하고 있지 않다. 이 경우 당신은 자신의 영적 건강도 제대로 챙기지 못하고 있는 셈이다. 우리는 개인적인 기도시간을 통해 영적으로 성장하지만, 다른 이들과의 교류를 통해서도 성장한다. 건강한 교회에서는 반드시 그룹 차원의 예배 모임이 활성화 되어 있다.

'둘째, 교회의 그룹은 교회당 뒷문을 닫도록 도와준다.' 이 점에 주목하자. 소그룹에 속한 사람이 교회에서 여전히 활동적일 가능성은 대예배에만 참석하는 사람보다 다섯 배 더 크다.

이 통계 수치의 의미를 생각해 보라. 소그룹에 속한 사람은 사역에 참여할 확률이 다섯 배 더 높다. 자신의 신앙을 나눌 확률이 다섯 배 더 높고, 더 깊은 성경지식을 갖게 될 가능성이 다섯 배 더 크다. 복음을 들을 가능성 역시 다섯 배 더 크다.

따라서 문제는 단지 교회당 뒷문을 닫는 것이 아니다. 그리스도와 함께 더 깊이 동행하는 것이다. 그 결과 교회는 더 건강해진다.

'셋째, 성도는 교회 안 소그룹의 일원이 되어야 한다.' 단언하건대, 만일 당신이 소그룹이나 주일 성경 반에 속해 있지 않다면, 당신의 교회에 제대로 헌신하고 있지 않은 셈이다. 당신은 가장자리나 주변을 맴도는 성도다. 당신은 공동예배라는 더 큰 모임에 속할 수는 있으나, 공동체에 속해 있지는 않다.

잊지 말라. 당신이 교회 안의 그룹에 속하지 않는다면, 당신은 교회에 낙심할 가능성이 더 크고, 격려자보다 비판자가 될 가능성이 더 크다. 그리고 당신의 교회를 떠날 확률이 더 높다.

'넷째, 모든 그룹원은 다른 이들을 그룹에 초청해야 한다.' 요즘 사람들은 이 일에 별로 관심이 없다. 그러나 다른 이들을 그룹에 초청하는 것은, 그들에게 다가서며 그들을 받아들이는 가장 효과적인 방법 중 하나다. 그룹활동은 성장과 흡수라는 과제를 위해 필수적이다.

이것은 단순하지만 심오하다. 그룹은 교회에 결정적으로 중요하다. 그리고 성도들이 진정으로 헌신하려면 그룹에 속해야 한다.

교회 리더들에게

본장을 마감하기 전에 교회 리더들에게 한 마디 하고 싶다. 지금까지 나는 성도에 대해 이야기했다.

내가 교회 리더들에게 제시하고자 하는 물음은 간단하다. 이것이 심오한 물음이길 나는 바란다. 당신은 당신의 교회나 사역 영역에서, 그룹을 더 많이 의식하며 강조하는 방향으로 이끌고 있는가? 당신은 소그룹, 삶을 나누는 그룹, 주일 성경공부 반 또는 다른 어떤 이름의 그룹을 열심히 응원하며 격려하는 사람 중 하나인가?

본장에서 당신은 그룹의 중요성에 대해 읽었다. 만일 당신이 교회 안에 있는 그룹의 리더이기를 거부한다면, 당신은 교회의 웰빙에 기여하고 있지 않다.

교회 리더와 성도들이여, 이 말을 명심하기 바란다. 그룹은 중요하다. 앞으로 그룹에 참여하거나 그룹을 더 효과적으로 인도할 기회가 있다면, 기도하는 마음으로 이렇게 반응하라. "제가 하겠습니다!"

⋮ 숙고할 사항 📖

I 사도행전 2장 41-47절을 읽어보라. 예루살렘교회에서 그룹이 건강한 교회생활의 중요한 면 중 하나였던 이유를 토론해 보라.

2 교회에서 그룹이 그토록 중요한 이유 네 가지를 토론해

보라.

3 성경을 더 효과적으로 배울 수 있는 세 가지 방법은 무엇인가? 그룹에서 성경공부는 어떤 면에서 독특한가?

4 아직 그룹에 합류하지 않은 성도들이 흔히 말하는 핑계는 무엇인가? 이런 핑계에 당신은 어떻게 답하는가?

PART 4

제가 섬기겠습니다

I will

머리말에서 언급한 헤더를 기억하는가? 이 자매는 세 아이를 둔 싱글맘이다. 몇 년 동안 지역 교회를 떠나 있다가 최근에 파운튼힐교회에 합류했다.

리저렉션커뮤니티교회를 급히 떠난 데는 남편과 이혼한 탓이 컸지만, 또 다른 중요한 요인이 있었다. 리저렉션커뮤니티교회에서는 헤더의 태도에 주목하지 않았지만, 파운튼힐교회에 다니면서 그녀는 현저한 차이를 알게 되었다.

새 교회에서는 사람들이 달랐다. 물론 완벽한 교회는 아니었지만, 기쁨과 섬김의 장소였다. 더 정확히 말하면, 그 기쁨의 원인은 성도들의 섬김에 있었다.

최근에 헤더는 이웃이자 친구인 레이첼에게 자신의 생각을 밝혔다.

"레이첼, 나는 두 교회 간의 차이점을 찾아내고 싶었어. 예전 교회에서는 줄곧 디저트를 먹는 것 같았어. 디저트는 잠깐 동안은 즐길 수 있지만, 너무 많이 먹으면 배탈이 나지. 우리는 '진짜' 식사를 원해."

헤더는 계속 말했다.

"나는 리저렉션커뮤니티에서 '인' 그룹(in group)의 일원이었기 때문에, 교회에 무엇을 기대하며 요구할 건지를 배웠어. 교회는 오로지 나 자신을 위해 존재했지. 솔직히 나는 그토록 자기 잇속만 챙기는 일에 진력이 났어."

자기 자신과 다른 이들에 대한 헤더의 변화는 주목할 만했다.

"이제 나는 단지 다른 사람을 섬기는 일에서 큰 기쁨을 발견해. 지금 우리 교회에서는 대부분의 성도들이 그런 식이야. 우리가 갖가지 사역으로 섬기는 것은 율법적인 지침 때문이 아니야. 그렇게 하는 게 기쁘기 때문이지."

예전에 헤더는 주일에 교회 가는 것이 두렵곤 했다. 이제는 주일 아침이면 잔뜩 기대감에 부풀어 깨어난다. 헤더는 소그룹 활동을 하며, 매년 하나 이상의 단기 사역에 참여한다. 자신에게 활기를 불어넣어주는 분야에서 열심히 섬긴다.

파운튼힐교회에서 멤버십이란 전반적으로 이런 식이다. 교인들은 헌신적이고 섬김에 익숙하다. 종종 사역할 기회가 오면 "제가 하겠습니다!" 하고 말한다.

예수님이라면 어떻게 하실까

신약성경을 읽으면 이 물음에 대한 답을 쉽게 얻을 것이다. 예수님이 제자들과 함께 계실 때, 야고보와 요한의 어머니 곧 "세베대의 아들의 어머니"가 예수님께 부탁했다. "나의 이 두 아들을 주의 나라에서 하나는 주의 우편에, 하나는 주의 좌편에 앉게 명하소서"(마 20:21).

예수님은 그녀가 자신이 무엇을 구하는지 모르고 있다고 말씀하셨다. 다른 열 제자들은 야고보와 요한을 괘씸하게 여겼다. 분란이 일어날 판이었다.

그러나 예수님은 언쟁을 차단하고 제자들을 불러 모으셨다(마 20:25). 그리고 말씀을 시작하셨다. "이방인의 집권자들이 그들을 임의로 주관하고 그 고관들이 그들에게 권세를 부리는 줄을 너희가 알거니와 너희 중에는 그렇지 않아야 하나니 너희 중에 누구든지 크고자 하는 자는 너희를 섬기는 자가 되고 너희 중에 누구든지 으뜸이 되고자 하는 자는 너희의 종이 되어야 하리라 인자가 온 것은 섬김을 받으려 함이 아니라 도리어 섬기려 하고 자기 목숨을 많은 사람의 대속물로 주려 함이니라"(마 20:25-28).

이해했는가? 예수님 말씀의 뜻을 온전히 이해했는가? 이 말씀의 본질을 오늘날의 성도를 위해 현대적 표현으로 바꿔 보려 한다. 나는 독자들이 너무 불쾌하게 여기지 않기를 바란다.

"성도들이여, 세상은 너희 자신을 우선시하라고 말한다. 자신을 최우선적으로 보살피라고 한다. 그러나 너희가 그런 식으로 해서는 안 된다. 찬양 스타일이나 '너희가' 원하는 것에 대한 불평을 멈춰라. 교회 리더들에게 '너희가' 바라는 일을 하도록 요구하지 마라. 제직회에서 '너희의' 방식을 고집하지 말고, 다른 이들을 우선시해라. 너희가 바라는 것을 맨 끝에 두어라. 투덜대거나 불평하지 말고 종이 되어라."

그때 예수님은 자신을 섬김의 본보기로 제시하셨다. 예수님은 정치적 왕으로서가 아니라 섬기기 위해 오셨다. 예수님의 섬김은 십자가까지 이어졌다. 예수님은 스스로 죄가 되셨다. 우리의 죄를 떠맡고 자진하여 십자가에 못 박히셨다. 그리고 우리를 위해 죽음으로써 우리를 섬기셨다.

성도는 "제가 원합니다!"라고 말하는 교인이 되기를 중단하고, "제가 하겠습니다!"라고 말하는 교인이 되어야 한다. 자신의 방식을 요구하지 말고 섬겨야 한다.

예수님이 말씀하신 것이 바로 이것이다. 예수님이 하고자 하신 일이 바로 이것이다. 바울은 이기심에 대한 전문가다.

그가 증오심 들끓는 교회회의에 참석하여 몇 마디 해주었으면 하고 나는 바란다. 아마 바울은 이기적인 동기와 행위를 주저 없이 지적할 것이다.

나는 바울 서신 중에서 빌립보서를 가장 좋아한다. '기쁨' 관련 단어가 이 짧은 서신에 14회나 나온다. 가히 기쁨의 서신이라 할 만하다.

바울은 그런 기쁨을 경험하면서 무엇을 하고 있었을까? 바울은 감옥에 갇혀 있었다. 죽음에 직면해 있었다. 그러나 교회를 염려했다. 이 모든 상황에서 기뻐했다. 바울은 자신의 기쁨의 기반을 설명한다. 빌립보서 2장 5-11절에서, 참 기쁨이 예수님을 닮은 태도에서 나온다고 그는 말한다. 그리고 예수님의 태도에 대해 오해하지 않도록 "죽기까지 복종하셨으니 곧 십자가에 죽으심이라"(빌 2:8)고 말한다.

바로 이 문맥에서 바울은 우리가 교회에서 서로 어떻게 대해야 하는지 설명한다. "아무 일에든지 다툼이나 허영으로 하지 말고 오직 겸손한 마음으로 각각 자기보다 남을 낫게 여기고 각각 자기 일을 돌볼뿐더러 또한 각각 다른 사람들의 일을 돌보아"(빌 2:3-4). 바울은 이 점을 분명히 했다. 예수님도 분명히 하셨다. 우리는 섬겨야 한다. 이것이 기쁨의 바탕이다. 이것이 성도가 해야 할 일이다.

섬김의 변혁

교회에서 한 가지 실험해 볼 것을 담임목사에게 제안하는 건 어떨까? 90일 테스트라고 부르자. 그리고 기꺼이 참여하려는 교인들의 약속을 받아내자. 우선 90일 동안 교회에 아무것도 요구하지 않기로 한다. 그리고 어떤 불평도 하지 않는다.

또 매주 두 시간씩 다른 사람을 섬긴다. 다른 구성원들에게 격려의 편지를 쓸 수도 있다. 집에 틀어박혀 있는 사람을 방문하여 섬길 수도 있다. 지역의 선교센터에서 일할 수도 있다. 교회당을 청소하거나 교회시설 주변의 조경 관련 일을 할 수도 있다. 지역사회에서 쓰레기를 주울 수도 있다. 기도

사역을 할 수도 있다. 교회 유아실이나 유치원에서 일할 수도 있다. 90일 동안 그들은 섬기며 다른 이들에게 초점을 맞춘다. 그리고 부정적인 태도와 불평을 자제한다.

이 일에 교인이 백 퍼센트 동참하는 교회는 없을 것이다. 그러나 90일 동안 교인 백 명이 헌신한다고 가정하자. 그러면 그 교회는 부정적인 태도와 불평을 삼가는 백 명을 얻을 것이다. 이들이 90일에 걸쳐 다른 이들을 섬기는 시간은 총 2,600시간가량 될 것이다.

이것은 변혁이다. 섬김의 변혁이다. 예상하건대 섬김의 기쁨과 감동이 워낙 커서, 그 교회는 예전 상태로 돌아가기를 원치 않을 것이다. 섬김의 변혁이 새로운 표준이 될 것이다. 그 교회는 성경적인 교회에 더 근접할 것이다.

이제 이것을 확장해 보자. 1년 동안 도전해 보자. 출석 교인 수가 500명일 경우 350명이 1년 동안 매주 한 시간씩 섬기는 일에 헌신한다고 가정하자.

잠시 생각해 보라. 그것은 최소한의 헌신일 것이다. 일주일에 단 1시간이다. 그러나 350명이 1년 동안 매주 350

시간을 전체 교회를 섬기는 일에 헌신한다. 모두 합하면 18,200시간이다. 이를 달리 말하면, 한 사람이 한 주에 40시간씩 455주 또는 거의 9년 동안 섬기는 것과 같다.

그 교회는 변혁을, 섬김의 변혁을 맞이할 것이다.

소그룹을 통한 섬김

앞 장에서는 소그룹의 중요성을 언급했다. 독자들이 소그룹의 엄청난 힘을 경험했기 바란다. 이제 소그룹과 섬김 사역을 연결해 보라. 그러면 강력한 사역을 행할 수 있을 것이다.

당신은 소그룹에 속해 있는가? 주일 성경공부 반이나 가정 모임 혹은 다른 어떤 그룹에 속해 있는가? 당신의 그룹이 기도하면서 조직적으로 섬기기 시작할 때 그 효과는 한층 더 강해질 것이다.

내가 아는 한 그룹은 힘들게 생활하는 싱글맘 가족 셋을 보살핀다. 또 다른 그룹은 저임금 공립학교의 3학년 전체와 결연을 맺어, 교사와 학생과 학생 가족에게 육아를 비롯한 여러 가지를 돕고 있다. 또 1년 내내 마을의 쓰레기 줍는 일을 하는 주일 성경공부 반도 있다.

필요한 일은 끝이 없다. 이는 섬김의 기회가 끝이 없음을 뜻한다. 우리는 정부가 사회적인 책임을 대부분 떠맡아주기를 기대한다. 교회와 소그룹이 섬김 변혁을 시도하는 건 어떨까? 그럴 경우 우리의 문화나 교회에 어떤 영향을 미치게 될까?

섬김 없는 교회에서, '제가 원합니다!'에서
'제가 하겠습니다!'로 전환하기

앞에서 내 블로그를 언급했다. 'ThomRainer.com'에서 나는 수많은 목사, 사역자 그리고 일반성도 지도자들과 교류한다. 매년 7백만 명 이상이 이 사이트를 다녀가고, 만 개 이상의 댓글을 남긴다.

나는 많은 리더의 의견을 듣는다. 이들 중 대부분은 매우 정중하다. 건설적인 비판을 제시할 때도 대부분 친절하다. 리저렉션커뮤니티교회 같은 곳에 다니는 사람들의 질문이나 의견이 많이 올라온다. 그런 교회의 성도 중 대부분은 자기 잇속만 챙긴다. 그들은 논쟁적이다. 자신의 생각대로 하려 한다. 교회를 컨트리클럽처럼 여긴다. '내가 회비를 냈으니 혜택받는 것이 당연하다'는 식이다.

내게 묻는 질문은 이런 것이다. "전반적으로 자신에게 초점을 맞추는 교인들로 구성된 교회에서, 어떻게 하면 내가 건강하고 섬기는 구성원으로 생활할 수 있을까요?"

내 대답은 양면적이다. 첫째로, 우리가 교회를 떠나야 할 때가 있다. 대체로 나는 교회를 옮겨 다니는 것을 좋아하지 않는다. 교회를 옮기는 경우는 대부분 교회에서 자신의 생각대로 되지 않을 때다. 다시 말해, 섬김을 위해서가 아니라 자신의 잇속을 챙기기 위해 떠난다. 그러나 만일 자신이 기쁨으로 섬길 수 있는 곳을 찾기 위해서라면 떠나는 것도 나쁘지 않을 것이다.

둘째로, 떠나지 말고 섬기는 그리스도인의 본보기가 되는 것이 더 좋다. 한 자매가 의도적으로 섬김의 단계를 밟기 시작했을 때, 자신의 태도가 어떻게 변화되었는지 이야기했다. 먼저, 그녀는 교회에서 일어나는 모든 일에 대한 비판을 중단하려고 노력했다. 그 다음, 매일 기도시간마다 섬기는 태도를 지닐 수 있게 해달라고 하나님께 간구했다. 또 자신을 화나게 한 사람을 포함해, 교회의 특정 리더와 성도를 위해 기도했다. 끝으로, 매주 한 시간 이상 예배에 꼭 참석하려고 노력했다.

이 자매는 이렇게 노력한 지 7개월 후에 내게 이메일을 보내 왔다. 다음은 그 내용 중 일부다.

"톰, 내가 성도인 것이 이처럼 즐거웠던 적이 없습니다. 내 생각대로 하는 것에 대해 걱정할 필요가 없어요. 이제 내 임무는 다른 이들을 섬기는 거예요. 섬김을 받는 것보다 섬기는 것이 훨씬 더 즐거워요. 지금도 매일 내 태도를 위해 기도한답니다. 교회의 특정인을 위해서도 매일 기도하고 있어요. 이 기도가 내 태도를 엄청나게 변하게 했어요.
또 한 주에 한 시간 이상 교회에서 무엇이든 봉사했어요. 한 달에 한 번 교회 유아실 봉사도 자원했지요. 그리고 바깥출입을 못하는 이들을 한 달에 세 분 이상 방문했습니다."

그녀는 다음과 같이 결론지었다.

"뭇 사람의 끝이 되려는 사람이 첫째가 된다고 하신 예수님의 말씀이 무엇을 뜻하는지 나는 행동으로 배웠어요. 다른 사람들을 나보다 먼저 섬긴다는 점에서 저는 끝이에요. 그러나 예수님께로부터 직접 오는 벅찬 기쁨을 느낀다는 점에서는 첫째입니다."

이 자매의 마지막 두 문장이 강렬하고 예리했다.

"내가 이 노력을 여러 해 전부터 했더라면 얼마나 좋았을까 생각해요. 섬김을 통해 그리스도의 기쁨을 경험하는 법을 진정으로 배웠어요."

~ 할 때다

많은 교회에서 더디지만 분명한 변화가 있어 왔다. 자기중심적인 껍질 속으로 숨어들며, 교회를 주로 자기 잇속을 챙기는 곳으로 만들어 왔다.

이제는 변할 때다. 관료적인 절차나 자동적인 프로그램을 통해서는 일어나지 않는 변화를 도모할 때다. 성도들이 하찮은 일을 들춰내 흠잡는 행태를 멈추고, 섬김을 필요로 하는 곳을 찾아낼 때다. 주변 세상에서 섬김을 받으려 하기보다 섬기는 쪽으로 변할 때다.

이것은 변혁이다! 당신은 이 변혁에 합류하겠는가? 합류하기 원한다면, 기도하는 마음과 진지한 열정으로 이 마음자

102
제가 하겠습니다

세를 깊이 생각하라. "제가 하겠습니다!"

⦙ 숙고할 사항 🖼

1 많은 교회가 파운튼힐교회처럼 다른 이를 섬기기보다는, 리저렉션커뮤니티교회처럼 자신의 잇속만 챙기는 이유는 무엇인가?

2 마태복음 20장 20-28절을 읽어보라. 세배대의 아들의 어머니는 어떤 동기로 예수님께 부탁했을까? 이 구절은 오늘날 교회에서 섬김과 어떤 관련이 있을까?

3 오늘날 교회에서 빌립보서 2장 1-18절을 섬김과 어떻게 연관시킬 수 있을까? 14절을 구체적으로 적용해 보라.

4 본장과 머리말에서 언급한 헤더에 관한 이야기를 다시 생각해 보라. 오늘날의 성도들이 그 이야기에서 얻을 수 있는 핵심 교훈은 무엇인가? 당신이 소속 교회에서 더욱 헌신적으로 섬길 수 있는 구체적인 방법은 무엇인가?

PART 5

제가 가겠습니다

I will

교회 이름만 바뀌었다. 내용적 사실은 여전히 바뀌지 않았다. 트윈스프링스교회는 1955년에 큰 도심 교회의 사명감으로 시작했다. 1950년대에는 트윈스프링스 지역으로 인구가 이동하고 있었다. 도심 교회의 야심 있는 리더들은 커져가는 지역사회에서 새 교회를 통해 더 많은 사람에게 다가갈 수 있을 거라 생각했다. 그래서 그 교회는 인원과 돈과 시간을 헌신적으로 투자했다.

1955년에 새 교회가 탄생했다. 트윈스프링스교회의 초기 역사는 대체로 긍정적인 듯했다. 그 교회는 일곱 가족의 핵심 그룹으로 시작해 예배 평균 참석인원이 450명까지 이르렀다. 1985년이 그 최고점이었다.

쇠퇴 기미를 알아차린 사람은 거의 없었다. 쇠퇴에 대해 이야기하는 사람도 거의 없었다. 다음 30년 동안은 예배 참석인원이 꾸준히 감소했다. 그러나 이 쇠퇴를 대부분의 성도들은 알아차리지 못했다.

이 쇠퇴 과정을 긴 안목에서 보자. 참석인원이 매달 평균한 명씩 감소했을 뿐이다. 그러나 30여 년이 지나자 평균 참석인원이 360명 감소했다. 이해하겠는가? 평균 참석인원 360명이 줄었다! 한때 450명이 출석했던 활기찬 교회가 이제 90명으로 줄었다.

무슨 일이 일어난 것인가?

진단

깊이 들어가지는 않았지만, 내 분석은 매우 단순했다. 나는 이 교회의 성장을 지역사회의 성장과 비교했다. 그 지역사회는 1985년까지 빠르게 성장했다. 이 교회는 비록 지역사회처럼 급속도로 성장하지는 않았으나, 트윈스프링스 인구 성장의 혜택을 톡톡히 보았다.

그 과정은 단순했다. 지역사회가 성장하면서 교회도 성장했다. 성도와 리더들이 의도적으로 지역사회에 다가가거나 전도하는 경우가 거의 없었다. 대체로 트윈스프링스교회는 교회 문이 열려 있음을 사람들에게 알렸고, 그러면 사람들이 들어왔다. 적어도 1985년까지는 사람들이 들어왔다.

만일 의도적으로 사람들에게 나아갔다면, 이 교회는 지역사회만큼 빨리 성장했을 것이다. 그러나 리더와 성도들은 "누구든 오세요."라는 태도로 만족했다.

이 교회는 '나아감'의 DNA를 결코 개발하지 않았다. 자신의 벽을 좀처럼 넘어서지 않았다. 성도들은 더욱 더 안으로 집중했다. 그들은 점점 더 자신의 위안과 욕구에 집중했다. 쇠퇴는 불가피했고 비극적이었다.

오늘날 큰 시설물에 출석인원이 겨우 90명인 이 교회는 재정적 난관에 직면해 있다. 이 교회에서 풀타임 목회자를 청빙하지 못한 지가 12년째다. 나는 이런 사례를 무척이나 많이 보았다. 극적이며 과감한 어떤 일이 일어나지 않는 한, 이 교회는 몇 년 내에 문을 닫을 것이다.

이것은 우리 이야기다

이 이야기는 교회 쇠퇴에 관한 이야기인 것처럼 보인다. 부분적으로 그렇기는 하나 그것이 핵심은 아니다. 성도에 관한 이야기가 핵심이다. 이것은 제도적인 이야기가 아니다. 우리에 대한 이야기다.

트윈스프링스교회는 한때 자신에게 초점을 맞추는 성도들로 가득했다. 사람들을 교회로 초청하는 성도는 거의 없었다. 지역사회의 다른 이들과 더불어 복음을 나누는 이들은 더욱 드물었다.

트윈스프링스교회는 '나' '나 자신'에게만 집중했다. 교회가 쇠퇴할 때 우리는 종종 목사를 비난한다. 혹은 사역자나 다른 성도, 교단 또는 상황을 비난한다. 사실인즉, 교회 쇠퇴는 '나아가려' 하지 않기로 결심한 개인들의 집단적 결과다. 따라서 이런 교회는 지상대명에 순종하는 회중이 아니라 종교적인 컨트리클럽이 된다.

이것은 우리의 예루살렘에 대한 이야기다

우리는 사도행전 1장 8절에 익숙하다. 이것은 부활하신 예수님이 승천 직전에 하신 말씀이다. "오직 성령이 너희에게 임하시면 너희가 권능을 받고 예루살렘과 온 유대와 사마리아와 땅 끝까지 이르러 내 증인이 되리라"

이것은 예수님이 승천하시기 전 이 땅에서 마지막으로 하신 말씀이다. 참으로 중요한, 예수님이 하신 말씀이다. 그분의 마지막 말씀이다.

이 구절 하나를 설명하는 데 책 한 권 분량을 할애할 수도 있다. 그러나 여기서는 '예루살렘'이라는 말에 초점을 맞추자. 우리 지역사회를 넘어 "온 유대와 사마리아와 땅 끝까지" 복음 전하는 사명을 경시하려는 건 아니다. 다만 예루살렘에 대해 논의하기를 원할 뿐이다.

예루살렘은 교회와 직접 접해 있는 지역사회다. 이 지역사회는 많은 교회에서 선교 영역 중 가장 소홀히 여기는 곳이다. 몇 년 전 행한 연구에서, 우리 팀은 미국 교회 중 최소한 지역사회와 동반하여 성장하고 있는 곳이 10퍼센트 미만에 불과함을 발견했다. 우리는 지역사회로 나아가지 않고 있다.

제가 하겠습니다

믿음의 반응

그러면 우리의 반응은 어떠한가? 이 물음과 관련해 '믿음의 반응' '반대에 대한 반응' 그리고 '행동으로 보이는 반응' 이 세 가지 핵심 범주로 나누어 살펴보자.

그 어떤 신자나 교회도 모든 불신자에게 복음이 꼭 필요하다고 믿지 않는 한, 자신의 신앙을 반드시 나눠야 한다는 긴박감을 느끼지 않을 것이다. 극단적이긴 하나 명쾌한 예화를 하나 들려고 한다.

마른 호수 바닥 위를 걷고 있는 사람을 상상해 보라. 그곳에는 한때 물이 있었지만, 지금은 단단히 메말라서 먼지로 덮여 있다. 당신은 그들을 구해내려고 먼지 속으로 다이빙하겠는가? 물론 그럴 필요가 없다. 그들은 물에 빠진 게 아니므로 구해낼 필요가 없다.

우리는 무엇보다 먼저 이 문제를 해결할 필요가 있다. 당신은 비그리스도인들에게 구원이 꼭 필요하다고 진정으로 믿는가? 당신은 그리스도를 영접하지 않은 사람들이 잃어버린 상태임을 진정으로 믿는가? 누가복음 19장 10절은 이 점을 분명히 해준다. "인자가 온 것은 잃어버린 자를 찾아 구원하려 함이니라"

우리의 성도 중 일부는 잃어버림 교리에 대해, 그리고 그리스도께서 구원의 유일한 길이라는 믿음에 대해 말로만 인정하는 것 같다. 만일 우리가 이 진리를 마음속 깊이 믿지 않으면 전도의 긴박감을 느끼지 않을 것이다.

이 문제에 대해 예수님은 아무런 의문도 남기지 않으셨다. 요한복음 14장 1-6절에서 예수님은 영원한 생명에 대해 제자들에게 말씀하셨다. "너희는 마음에 근심하지 말라 하나님을 믿으니 또 나를 믿으라 내 아버지 집에 거할 곳이 많도다 그렇지 않으면 너희에게 일렀으리라 내가 너희를 위하여 거처를 예비하러 가노니 가서 너희를 위하여 거처를 예비하면 내가 다시 와서 너희를 내게로 영접하여 나 있는 곳에 너희도 있게 하리라 내가 어디로 가는지 그 길을 너희가 아느니라"(요 14:1-4).

그러나 도마는 의심했다. 이 '길'에 대해 확신할 수 없었다. 그래서 주저하지 않고 여쭈었다. "주여 주께서 어디로 가시는지 우리가 알지 못하거늘 그 길을 어찌 알겠사옵나이까"(요 14:5).

그때 예수님은 의심의 여지를 남기지 않는 강력한 말씀을 주셨다. "내가 곧 길이요 진리요 생명이니 나로 말미암지 않고는 아버지께로 올 자가 없느니라"(요 14:6). 이것은 예수님이 직접 하신 말씀이다. 이 말씀은 복음이며 좋은 소식이다. 길이 있다. 유일한 길이다.

당신은 이 사실을 진정으로 믿는가? 당신은 그리스도가 구원의 유일한 길임을 진정으로 믿는가? 당신의 행동이 당신의 믿음을 반영하는가? 당신의 믿음을 부단히 그리고 긴박하게 말과 행동으로 다른 이들과 함께 나누는가?

반대에 대한 반응

당신은 비그리스도인인 친구나 직장 동료를 만난다. 그들을 교회로 초청하거나, 영적 문제에 대한 대화를 나누거나, 혹은 성경을 선물로 주어야겠다고 생각한다. 그러나 행동으로 옮기지 않는다. 그 이유는 무엇인가?

당신이 합리화하기 시작하기 때문이다. 그들에게 나아가야 한다는 생각에 반대하는 마음을 자신에게 허용한다. 그래서 영적인 주제를 선뜻 꺼내지 못하고, 그들을 교회로 초청하지 않는다. 우리 자신에게 제시하는 핑계성 반대에는 여러 가지가 있다.

'이 일은 내 영적 은사가 아니야.' 정말 그럴까? 당신은 자신에게 복음전도 은사가 없다고 생각하고는 그 책임을 다른 이에게 떠넘기려고 한다.

이것과 반대되는 말의 논리적 모순에 대해 생각해 보라. 당신은 자비의 은사가 없는 사람은 결코 자비를 베풀 필요가 없다고 말하겠는가? 물론 그럴 수 없다. 구제 은사를 지니지 않은 사람은 결코 구제해서는 안 되는 것인가? 우리를 포함한 모든 그리스도인은 지상대명에 순종하도록 부르심을 받았다.

'이 일을 하기 위해 우리가 목사나 사역자에게 사례비를 지불한다.' 나는 이런 반대가 논리정연한 주장이기보다 태도의 문제라고 생각하곤 했다. 그런데 교회 자문 과정에서 이런 이야기를 여러 번 들었다. 나는 복음전도가 목사에게 국한된 일이라고 말하는 성경구절을 보여달라고 한 교인에게 요구했다. 그러자 그가 대답했다.

"그건 상식이죠. 모두 그 일 때문에 목사에게 사례비를 지불하는 줄로 알고 있어요."

'내게는 시간이 없어.' 만일 우리가 그리스도의 사랑을 나눌 시간이 없다면, 그 일은 우리 삶에서 진정으로 우선시 되는 것이 아니다. 예수님을 주와 구주로 영접하는 것보다 더 중요한 일이 있을까? 그보다 더 중요한 일이 없다면 어떻게 우리가 시간 핑계를 댈 수 있을까?

'내 믿음을 다른 이들에게 강요하고 싶지 않아.' 이것은 정말 성가신 핑계다. 사도 바울이 사람들 앞에 서서 이렇게 말하는 모습을 상상할 수 있는가? "나는 여러분에게 전할 좋은 소식을 가지고 있지만, 내 믿음을 여러분에게 강조하고 싶진 않습니다. 나는 단지 내 믿음을 지킬 것입니다. 결국 종교란 개인적인 문제니까요." 물론 그렇지 않다. 복음은 담대히 그리고 기쁘게 전해져야 한다.

'나는 내성적이야.' 내가 고백할 게 있다. 나는 외향적인 그리스도인 친구가 자신의 믿음을 낯선 사람에게 담대히 전하는 것을 들으면서, 나 자신에게 몹시 화가 나곤 했다. 그 친구는 자연스럽게 대화를 풀어나가면서 예수님에 대해 이야기했다. 나는 내성적이어서 그런 식의 복음전도를 자연스레 진행하기가 힘들었다.

그래서 여러 해 전, 나는 복음을 전할 다른 기회를 얻기 위해 기도하기 시작했다. 내가 단지 기회를 간구했을 뿐인데, 하나님은 놀라운 방법으로 내게 그 문을 열어주셨다. 그렇게 해서 얻은 기회는 내 내향적인 성격에 맞았다. 내향성은 정당한 핑계거리가 아니다.

행동으로 보이는 반응

그러면 우리가 어떻게 나아가야 할까? 우리의 예루살렘에서 영향을 미치는 성도가 되려면 어떻게 해야 할까?

먼저 믿음과 동기의 문제로 돌아가자. 당신은 그리스도가 구원의 유일한 길임을 진정으로 믿는가? 복음 전하는 일을 다른 무엇보다 우선시하는가?

복음전도에 전념했던 두 사람을 생각해 보라. 약 2천 년 전에 베드로와 요한이 감옥에 있었다. 사람들에게 예수님에 대해 말한다는 것이 죄목이었다.

이들 두 대중선동가는 진술을 위해 유대교 지도자들 앞에 섰다. 이들의 말을 들은 후 유대교 지도자들은 결정을 내렸다. 예수님에 대해 더 이상 입을 열지 않는다면 이들을 석방하겠다는 것이다.

그때 두 사람의 반응은 어떠했는가? 그들은 단호했다. "하나님 앞에서 너희의 말을 듣는 것이 하나님의 말씀을 듣는 것보다 옳은가 판단하라 우리는 보고 들은 것을 말하지 아

119

Part 5 제가 가겠습니다

니할 수 없다"(행 4:19-20).

이 말뜻을 이해했는가? 그들은 예수님에 대한 이야기를 '중단할 수 없었다.' 그러나 오늘날 많은 그리스도인들은 예수님 전하는 말을 시작하지 않으려 한다.

그러므로 이론에서부터 행동으로 나아가자. 어떻게 해야 할까? 지역사회에, 곧 예루살렘에 진지하게 다가가려면 어떻게 해야 할까? 몇 가지 구체적인 행동 단계는 다음과 같다.

'기회를 얻기 위해 기도하라.' 이것은 매우 간단하지만 성도들이 좀처럼 취하지 않는 단계다. 오늘밤 잠자리에 들기 전, 그리스도의 사랑을 말이나 행동으로 나눌 기회를 달라고 하나님께 기도하라. 하나님의 응답은 참으로 놀랍다.

나는 이런 기도에 대한 응답을 여러 차례 경험했다. 한번은 믿음 나눌 기회를 간구하는 간단한 기도를 아침에 드렸다. 그날 오후가 지나가기 전에 예전 직장의 상사에게서 전화가 왔다(직업적인 사역자가 되기 전에 나는 은행원이었다). 그는 나를 만나고 싶어했다. 예수님에 대해 묻고 싶은 내용이

제가 하겠습니다

있어서 나를 찾은 거였다.

정말 놀라웠다. 내가 그를 만난 것은 27년 만이었다. 내가 기도한 바로 그날 그에게서 전화가 온 것이다. 기회를 주실 것을 기도하라.

'사람들을 교회로 초청하라.' 이것도 매우 간단하다. 당신이 어떤 사람을 교회로 초청하면, 그는 그리스도인들을 만나게 된다. 그는 복음을 들을 기회를 얻을 수 있다. 이 단순한 초청 행위가 온 가족에게 심오하고 영원한 영향을 미치는 사례를 나는 보아왔다.

우리가 사람들을 초청하면 그들이 교회로 나올까? 우리 조사 팀과 내가 몇 해 전에 그런 연구를 한 적이 있다. 그 결과는 우리를 놀라게 했다. 교회에 다니지 않는 사람 열 명 중 여덟 명이 초청에 응했다. 내 25년간의 연구조사에서 발견한 매우 놀라운 사실 중 하나가 바로 이 통계다. 당신이 사람들을 초청하면 그들은 교회로 나올 것이다.

'의도적으로 기회를 찾으라.' 당신은 새 차를 사려고 둘러보고 있다. 15년 동안 믿을 만했던 차가 이제 더 이상 그렇지 않다. 차 값보다 수리비가 더 많이 들어간다. 당신은 새 차를 어떤 것으로 고를지 결정한다. 그런 다음 선택한 모델을 둘러보기 시작한다. 지금까지는 그 모델에 주목한 적이 없었다. 이제 당신의 시각이 바뀌었다.

영적인 시각도 마찬가지다. 우리는 복음전도라고 하는 렌즈로 사람과 기회를 보아야 한다. 우리가 영적으로 민감할 때 그 기회를 더 자주 볼 것이다.

'기회가 생길 때 말할 수 있는 준비를 갖추라.' 하나님의 지시가 있을 때 무엇을 말할지 알고 있을 필요가 있다. 나는 여러 복음전도 프로그램에 참여해 왔으며, 이것은 내 신앙을 더욱 설득력 있게 또 일관성 있게 나누는 데 도움이 되었다. 요즘 내가 가장 좋아하는 프로그램 중 하나는 '세 개의 원'(Three Circles)이다. 'Life Conversation Guide'라는 앱을 무료로 다운로드할 수 있다. 이것은 매우 간단하고 유익하다.

나아갈 때다

만일 당신이 전형적인(typical) 성도라면, 그리스도의 사랑을 당신의 지역사회나 이웃, 친구, 심지어 가족과 더불어 나누려는 노력을 별로 하지 않을 수 있다. 사탄의 핵심 전략 중 하나가, 그리스도인들이 편안한 마음으로 침묵을 지킬 수 있게 만드는 것이다. 우리가 말해야 하는 상황에서 침묵하는 것은 죄다.

단 한 사람이 교회에 영향을 미칠 수 있다. 전도하러 나아가는 한 성도가 불을 지필 수 있다.

한 사람이다. 바로 당신이다. 모든 성도와 신자들이 주저 없이 외칠 때다. "제가 가겠습니다!"

⦂ 숙고할 사항 🏛

I 당신은 전형적인(typical) 성도가 지역사회로 '나아갈' 시간을 투자하지 않는 이유가 무엇이라고 생각하는가?

2 사도행전 4장 1-22절을 읽어보라. 오늘날의 세계에서 이 말씀을 어떻게 적용할 수 있는가?

3 어떻게 하면 기도생활을 '나아감'의 도구로 활용할 수 있을까?

4 대부분의 성도가 요한복음 14장 1-6절을 진정으로 믿는 사람으로서 행동하는가? 그 이유는 무엇인가?

오직 성령이 너희에게 임하시면 너희가 권능을 받고
예루살렘과 온 유대와 사마리아와 땅 끝까지 이르러
내 증인이 되리라 하시니라

_행 1:8

PART 6

제가 아끼지 않고
드리겠습니다

I will

제스 켈러에 대한 이야기를 소개하려 한다. 그
는 내 삼촌이다. 아버지가 비교적 젊은 나이에 세상을 떠나
셨을 때, 내게는 삼촌이 제2의 아빠였다.

삼촌은 몇 년 전에 돌아가셨다. 장례식을 내가 맡았다. 하
객들로 교회당이 꽉 찼다. 노환으로 세상을 떠난 사람의 장
례식에 그토록 많은 하객이 몰리는 건 다소 특이했다. 장례
식 후의 일이 훨씬 더 놀라웠다.

사람들이 나와 이야기하기를 원했다. 아니, 그들의 진짜
관심은 내게 있었던 것이 아니다. 그들은 제스에 대한 이야

기를 내게 해주길 원했다.

장례식 추도사에서 나는 삼촌의 관대함을 언급했다. 내가 다섯 식구의 가장으로서 힘들게 신학생 시절을 보낼 때, 삼촌은 6년에 걸쳐 다섯 차례나 내게 돈을 보내주었다.

나는 삼촌이 기도의 사람이었다고 믿는다. 우리의 재정 상태가 매우 힘들 때마다 돈을 부쳤기 때문이다. 돈을 구하기 위해 아내가 헌혈을 결심했을 때, 삼촌에게서 돈이 송금된 적도 있다.

우리의 재정적 어려움이 얼마나 심각한지 삼촌에게 알린 적이 없었기 때문에, 나로서는 삼촌이 기도 중에 송금할 마음을 갖게 된 줄로 믿는다. 삼촌이 편지에서 내게 말했다. "기도 중에 하나님이 이 돈을 부치라는 감동을 주셨어."

장례 직후의 장면으로 돌아가자. 많은 사람들은 삼촌이 그들에게도 유사한 일을 했던 사실을 내게 알려주고 싶어했다. 그들의 이야기도 놀라웠지만, 그런 이야기를 내게 전해 주는 사람들의 수효도 엄청났다.

삼촌이 소속 교회에서 보여준 관대함에 대한 이야기도 종종 들렸다. 삼촌은 헌금도 꼭 십일조 이상의 금액을 드렸다고 한다. 한 교인이 말했다.

"제스 켈러는 내가 아는 아주 관대한 사람 중 한 분이에요. 그분은 베푸는 일에서 큰 기쁨을 느끼는 것 같았어요."

이것은 강력한 증언이었다. 삼촌은 관대할 뿐 아니라 베푸는 일에서 큰 기쁨을 발견했다.

셋째아들이 태어났을 때, 넬리 조와 나는 아이의 이름을 정하는 데 있어 아무런 망설임도 없었다. 그 아이의 이름은 제스다.

가장 위대한 설교

군중이 예수님을 둘러쌌다. 모두 예수님의 말씀을 듣기 원했다. 이보다 더 강력한 설교는 없을 것이다. 흔히 산상수훈으로 알려진 설교다.

이 설교에 대한 책이 많다. 예수님의 말씀은 청중을 놀라게 했다. 오늘날 우리도 놀라움을 금치 못한다. 사실 마태복음 5-7장을 읽을 때마다, 나는 새로운 확신과 열심을 북돋운다. 그 말씀을 직접 들을 기회를 얻었던 청중 역시 놀랐다. "예수께서 이 말씀을 마치시매 무리들이 그의 가르치심에 놀라니 이는 그 가르치시는 것이 권위 있는 자와 같고 그들의 서기관들과 같지 아니함일러라"(마 7:28-29).

예수님이 다루신 주제는 예리하며 죄를 지적하는 내용이다. 산상수훈의 중간 부분에서, 예수님은 돈에 대해 말씀하신다. 청중의 마음이 불편했을 것이다. 시선을 떨구거나 당황해서 발을 이리저리 움직이는 이들이 많았을 것이다.

"너희를 위하여 보물을 땅에 쌓아 두지 말라 거기는 좀과 동록이 해하며 도둑이 구멍을 뚫고 도둑질하느니라 오직 너희를 위하여 보물을 하늘에 쌓아 두라 거기는 좀이나 동록이 해하지 못하며 도둑이 구멍을 뚫지도 못하고 도둑질도 못하느니라 네 보물 있는 그 곳에는 네 마음도 있느니라"(마 6:19-21).

충격적인 말씀이다. 놀라운 말씀이다. 1세기 청중과 21세기 청중 모두에게 마찬가지다.

예수님은 우리가 물질적인 부를 축적하는 데 집중해서는 안 된다고 말씀하신다. 저축을 금하시는 것이 아니다. 예수님은 돈 문제의 핵심에 초점을 맞추신다. 우리는 돈을 '쌓아두지' 말고 나눠주어야 한다.

남에게 베푸는 것은 곧 보물을 하늘에 쌓는 행동이다. 간단히 말해, 베풂은 긍정적이며 영원한 결과를 낳는다. 만일 우리가 베풀지 않으면 우리의 소유는 아무런 가치도 없다. 그런 소유는 부식되거나 도둑맞는다. 한 순간에 없어질 수 있다.

이어서 예수님은 가장 강력한 펀치를 날리신다. "네 보물 있는 그 곳에는 네 마음도 있느니라"(마 6:21).

"우리가 어떤 사람에 대해 말할 때, 다른 무엇보다 그가 돈을 어떻게 쓰는지에 대해 말하는 경향이 있습니다."라고 말하는 설교를 당신은 들은 적이 있을 것이다. 이런 진부한 말을 들을 때 당신은 민망할 것이다.

이 말은 진부하지만 옳다. 우리 돈이 가는 곳은 우리의 마음과 우선순위를 반영한다. 이 말을 현대적으로 바꾸면 이렇다. "우리가 어떤 사람에 대해 말할 때, 다른 무엇보다 그가 돈과 직불카드를 어떻게 쓰는지에 대해 말하는 경향이 있다."

그러나 예수님은 거기서 멈추지 않으신다. 예수님은 우리가 예수님을 주인으로 섬기든지 아니면 돈을 주인으로 섬기든지 둘 중 하나일 것이라고 말씀하신다. 만일 우리가 돈에 사로잡혀 있다면, 예수님은 우리 주님이 아니다. 만일 우리가 예수님 대신에 돈에 초점을 맞춘다면, 그분은 우리 주님이 아니다. 만일 우리가 돈에 대해 관대하지 않다면, 그분은 우리의 주님이 아니다.

이해했는가? 예수님은 산중턱에서 청중에게 강력히 말씀하셨다. "한 사람이 두 주인을 섬기지 못할 것이니 혹 이를 미워하고 저를 사랑하거나 혹 이를 중히 여기고 저를 경히 여김이라 너희가 하나님과 재물을 겸하여 섬기지 못하느니라"(마 6:24).

때로 우리는 돈 이야기를 회피하려 한다. 이 주제에 대해 불편해할 수 있다. 이 주제에 대한 설교나 교훈을 불편해할 수 있다. 그러나 이것은 매우 중요한 문제이고 마음의 문제다. 예수님은 그렇게 말씀하셨다.

이것은 매우 단순하다. 만일 하나님이 우리에게 맡기신 돈을 흔쾌히 베푸는 데 사용하지 않는다면, 우리는 그리스도의 신실한 제자가 아니다. 우리 마음이 그리스도와 함께하지 않음을 분명히 밝힌 셈이다. 왜냐하면 우리의 보물이 있는 곳에 우리의 마음도 있기 때문이다.

지역 교회 회중의 변화

정확한 날짜를 기억할 수는 없지만, 1970년대나 1980년대의 어느 시점에 시작된 일이다. 많은 교회에서 돈과 청지기 직이 금기까지는 아니더라도 미묘한 주제가 되었다. 이유는 여러 가지다.

어떤 교회 리더들은, 예배 때 돈을 언급하면 처음 교회에 나온 사람들이 거부감을 느낄까봐 우려했다. 아마 그들은 율법적인 헌금 요구를 우려했을 것이다. 아니면 단순히 과잉반응을 보였을 것이다. 그래서 청지기 직에 대한 주제를 한동안 언급하지 않았다.

몇몇 사역자 특히 TV 사역자나 라디오 사역자들의 사치스러운 생활에 많은 비판이 집중된다. 이런 설교자들은 극소수임에도 불구하고 크게 주목받는다. 이들은 교인들이 헌금하지 않는 핑계 요인이 된다.

많은 성도들의 태도에 큰 변화가 일어난 것 같다. 교회에서 마음에 들지 않는 그 무엇이 있어서 헌금을 거부하는 성도에 대해 들어본 적이 있는가? 교회에서 진행되어야 할 일을 스스로 규정하고, 거기에 맞춰 헌금하려는 교인은 더 많다.

교회 헌금의 용도가 투명하게 제시되어야 한다는 점을 나는 이해한다. 상식적인 투명성과 회계 책임을 도외시하는 교회도 있음을 나는 안다. 그러나 그런 교회는 소수일 뿐이다.

사실 많은 성도들이 헌금을 소비자적인 시각으로 이해

한다. 교회가 그들이 원하는 일을 하지 않으면 헌금을 거부하거나 줄인다.

헌금 사용과 관련해 당신을 100퍼센트 만족시키는 교회는 어디에도 없다. 그러나 당신은 교회에서 모든 것에 동의하지 않더라도 흔쾌히 헌금할 수 있다. 교회 헌금을 '우리의' 헌금으로 여겨서는 안 된다. 헌금 행위는 쥐고 있던 것을 놓는 행위다.

제스 삼촌이 그런 태도를 지녔다. 삼촌은 사람이나 단체에 후하게 그리고 즐겁게 베풀었다. 교회는 그중 우선순위 1위였다. 삼촌의 장례식 후, 한 자매가 여러 사람과 단체를 위해 삼촌이 기부했던 사실을 회고하면서 내게 말했다.

"분명 그분은 이 교회에 십일조도 하셨을 거예요."

그 교회의 한 집사가 웃으면서 말했다.

"그럼요, 제스는 오래 전부터 십일조 생활을 했죠."

헌금은 우리 마음의 진실한 표현이다. 헌금은 하나님의 부르심에 걸맞은 성도의 모습이다.

흔쾌히 드림

때로 사도 바울의 말이 나를 당황스럽게 한다. 오해하지 말기 바란다. 내가 나쁜 뜻에서 이야기하는 것이 아니다. 성경에 수록된 그의 직설적인 말투는 마음의 동요를 유발하며, 죄를 자각하게 하는 것일 수 있다. 이것은 성령이 성경을 사용하시는 방법이다.

바울은 고린도교회에 헌금에 대해 언급했다. 고린도교회는 여러 문제를 지닌 회중이었다. 바울은 그들이 청지기 직 문제를 분명히 하기 원했다.

먼저, 바울은 그들의 영적 성장이 후한 헌금과 직결될 것이라고 말한다. "이것이 곧 적게 심는 자는 적게 거두고 많이 심는 자는 많이 거둔다 하는 말이로다"(고후 9:6). 이 문제에 대해 바울은 전혀 의심의 여지를 두지 않았다. 바울은 고린도 교인들에게, 후하게 헌금하지 않으면 그리스도인으로서 성장할 수 없다고 말했다.

고린도교회에 해당했던 이 문제는 오늘날 우리 교회에서

도 나타난다. 그러나 바울은 거기서 그치지 않는다. 고린도후서 9장 7절을 주의 깊게 읽어보라. "각각 그 마음에 정한 대로 할 것이요 인색함으로나 억지로 하지 말지니 하나님은 즐겨 내는 자를 사랑하시느니라"

첫째, 바울은 헌금할 때 삼가야 할 동기에 대해 말한다. 성도들은 인색한 동기로 헌금해서는 안 된다. 그들이 풀어놓아야 할 것에 집착하는 것은 인색함을 뜻한다. 헌금하는 자들은 자신의 집착을 철저히 포기하고 자발적으로 행해야 한다.

둘째, 사도는 율법적인 동기로 헌금하지 말 것을 당부했다. 그는 이를 "억지로"라고 표현한다. 우리가 헌금하는 것은 사람을 기쁘게 하거나 어떤 지침에 따르기 위해서가 아니다. 하나님을 기쁘시게 하기 위해서다. 이렇게 할 때 우리는 헌금을 통해 큰 기쁨을 얻는다. 율법적 의무감에서 헌금하는 이들은 조만간 그 지침에 반발할 것이다.

여기서 바울은 적극적인 헌금 동기를 일깨운다. "즐겨" 낼 것을 당부한다. 더 나아가 '하나님은 즐겨 내는 자를 사랑하신다'고 말한다.

"즐겨"에 해당하는 헬라어는 고린도후서 9장 7절에만 나온다. 이 단어는 넘쳐나는 헌금, 기쁜 마음으로 드리는 헌금을 뜻한다. 헌금은 우리 삶에서 매우 큰 기쁨 중 하나여야 한다. 다른 동기로 드리는 것은 하나님이 좋아하지 않으신다.

성도는 헌금해야 한다. 그들은 돈에 대한 집착을 버리고 기쁘게 헌금해야 한다. 율법적 의무감에서가 아니라 하나님을 섬기는 참된 기쁨으로 헌금해야 한다.

행동 계획

그러면 실천적인 단계는 무엇일까? 헌금이라고 하는 순종의 길을 어떻게 걸을 것인가?

첫 단계는 기도다. 고린도후서 9장 7절에서 바울은 "각각 그 마음에 정한 대로 할 것"이라고 말한다. 우리의 "마음"은 하나님과 관계가 맺어지는 곳이다. 헌금은 하나님의 인도하심에 대한 개인적인 표현이다. 우리 마음의 결심에 따른 것이다.

둘째, 우리가 섬기는 하나님은 제한된 자원의 하나님이 아님을 명심할 필요가 있다. 하나님은 무한한 자원을 만드셨고, 지금도 만들 수 있는 분이다. 바울은 우리가 후하게 심으면 후하게 거둘 것임을 분명히 한다. 구체적인 방법에 대해서는 언급하지 않지만, 하나님께는 한계가 없음을 그는 분명히 밝힌다.

종종 우리는 자원에 대한 제한된 시각으로 청지기 직을 생각한다. 그래서 우리 눈에 보이는 것만을 드릴 수 있다고 결론짓는다. 우리는 하나님이 드리게 하실 것을 고려치 않고, 자신이 가능하다고 생각하는 것만을 드리려 한다.

끝으로, 실행하자. 자신이 생각하는 적정 금액 이상을 드리자. 우리의 모든 소유를 하나님이 맡고 계시는 것처럼 생각하고 드리자. 주저하지 말고 드리자. 인색하게 드리지 말자. 완벽한 사람은 없다. 완벽한 단체는 없다. 완벽한 교회도 없다. 망설이지 말고 드리자. 나머지 일은 하나님이 처리하실 것이다.

하나님을 향한 우리의 순종은 우리의 헌금과 직결되어 있다. 헌금은 성도로서 신실함을 나타내는 표시다. 또 그리스도를 믿는 신자로서 우리가 누리는 기쁨도 헌금과 직결되어 있다.

기꺼이, 흔쾌히 드리라. 당신이 교회에 무엇을 어떻게 드릴지에 대한 청지기 직 문제를 고려함에 있어, 주저 없이 기쁜 마음으로 이렇게 말하라. "제가 드리겠습니다!"

⠿ 숙고할 사항 🏫

I 일부 성도들이 소비자의 마음자세로 교회를 대하는 이유는 무엇인가? 그런 마음이 교회 헌금에 어떤 영향을 미치는가?

2 즐거이 헌금하는 사람을 당신은 어떻게 묘사하겠는가? 고린도후서 9장 7절에서 바울이 묘사한 내용을 참조해서 말해 보라.

3 마태복음 6장 19-24절의 산상수훈에 나오는, 돈과 관대함에 대한 예수님의 핵심적인 교훈에 주목해 보라.

4 율법적 지침보다 자발적인 마음으로 헌금해야 하는 이유는 무엇인가? 이 물음에 예수님은 어떻게 대답하시겠는가?

제가 교회 낙오자가
되지 않겠습니다

I will

내 인생에 큰 영향을 미친 사람이 몇 있다. 친구, 멘토 그리고 가족이다. 그중 몇 사람의 이름을 언급하려 한다.

내 아내 넬리 조는 내가 아는 경건하고 헌신적인 사람 중 하나다. 아내가 말하거나 행하려 할 때는 꼭 다른 누군가의 유익을 위해 그렇게 하는 것 같다. 자신을 우선시하는 경우가 드물다.

내 고등학교 시절의 미식축구 코치였던 조 헨드릭슨은 기독운동선수협의회 모임에서 내게 복음을 전했다. 나는 그 모

147
Part 7 제가 교회 낙오자가 되지 않겠습니다

임에 참석한 지 불과 몇 시간 후에 그리스도를 내 구주로 영접했다.[*]

그리고 내 세 아들이 있다. 샘 레이너는 복음으로 지역사회 사랑하는 법을 내게 가르쳐주었다. 아트 레이너는 그리스도인의 충성심이 어떤 건지 알려주었다. 그리고 제스 레이너는 내가 따라야 할 기독교적 긍휼의 모델이다. 세 아들은 그리스도인 남편과 아버지가 되는 것이 무엇인지를 내게 가르쳐주었다.

루이스 드루먼드는 복음전도의 불같은 열정을 내게 심어준 멘토다. 지금은 주님과 함께 있지만, 내 삶에 미친 그의 영향은 강렬하게 남아 있다.

물론 삼촌인 제스 켈러도 이 명단에 포함되어야 한다. 앞 장에서 언급했듯이, 삼촌은 관대함과 베풂 면에서 내 롤모델이었다.

그리고 밥(Bob)은 『I am a Church Member』라는 책에

---

[*] 여담으로, 나는 2014년 말에 조 코치와 재회했다. 40여 년 만의 재회였다. 그때 나는 그에게 감사하고, 그와 그의 가족에게 존경의 마음을 표할 수 있었다.

서 진정한 성도의 본보기로 언급되었다. 그 책에서 밥의 이름 전체를 밝히지 않은 이유는 간단하다. 밥에 대해 쓰면서 그 가족의 허락을 받지 않았고, 밥은 몇 해 전에 세상을 떠났기 때문이다.

밥의 '은밀한' 정체성은 오래 가지 않았다. 밥과 그의 위대한 성품을 아는 사람이 워낙 많았다. 어떤 이들은 여러 해 전에 밥과 내가 교류했던 것을 이미 알고 있었다. 오래지 않아 그들은 말했다.

"밥 핸드에 대해 말씀하시는군요. 밥에 대한 이야기임이 틀림없어요."

그래서 밥 핸드에 대한 이야기를 여기에 간략히 소개하고자 한다.

나는 20대의 젊은이였다. 몇 해 전에 넬리 조와 결혼했고 두 아들을 두었다. 제스는 아직 태어나기 전이었다. 당시 나는 6대째 내려오는 가족 전통에 따라 은행원으로 일하고 있었다.

넬리 조와 내가 앨라배마 주에 있는 애니스턴에 위치한

골든스프링스침례교회에 합류했을 때, 나는 이미 교회에 등록할 준비가 되어 있었다. 나는 여러 해 동안 교회를 떠나 있었다. 우리가 그 교회에 합류했을 때, 넬리 조는 첫아이를 임신한 상태였다. 나는 정말 교회에 소속되고 싶었다. 그래서 그렇게 했다.

밥은 나를 유심히 지켜보고 있었다. 내 젊은 열정을 보았다. 그는 내가 두 아들의 아빠가 되는 것을 보았다. 그는 나를 염려했다. 예전에 여러 사례를 보아왔기 때문이다.

어떤 사람은 교회에 들어와서 교회생활에 철저히 젖어든다. 워낙 많은 일에 연루되어 가족을 힘들게 할 정도다. 이처럼 열정적인 성도가 교회생활에 점점 더 많이 젖어들수록, 교회의 완벽하지 못한 면을 보기 시작한다. 그들은 낙심한다. 그리고 지친다.

대개 그들은 교회를 떠나 낙오자가 된다. 그들은 또 다른 교회의 출석 인원수를 보태는 역할을 한다. 그들은 '혜성 그리스도인'이라 불린다. 타오르는 불꽃처럼 들어왔다가 잠시 후에 사라지기 때문이다.

제가 하겠습니다

밥은 내게 그런 일이 일어나고 있음을 보았다. 그래서 나를 인도해 주었다. 밥은 결코 나를 가르치려 들지 않았다. 내게 이야기를 들려주었다. 그 이야기들이 탈진과 실망에서 벗어나게 하는 안내 역할을 했다.

하나님은 밥을 사용해 결국 나를 신학교와 목회의 길로 나아가게 하셨다. 밥이 없었다면 나는 또 다른 교회 낙오자가 됐을 수 있다.

탈진증후군(Burnout Syndrome)

교회 낙오자에 대한 이야기는 많다. 그 이야기들은 비슷하다. 사람들이 교회를 떠나는 이유는 다양하지만, 전형적인 패턴이 반복된다. 어떤 사람이 그들의 감정을 상하게 한다. 그들이 봉사할 기회가 없다. 혹은 너무 많은 곳에서 봉사하여 탈진하며, 봉사하지 않는 사람들에 대해 분노를 느낀다. 다른 여러 가지 경우의 이야기도 있다. 대부분의 이야기에서

공통적인 줄거리를 엿볼 수 있다. 교회의 어떤 부분에 대해 큰 실망과 환멸을 느낀다.

성도가 너무 많은 일을 할 때 탈진 상태에 빠질 수 있다. 일을 너무 적게 해도 그럴 수 있다. 혹은 아무런 열정 없이 어떤 일을 할 때도 그럴 수 있다.

이 책은 하나님을 기쁘시게 하거나, 좋은 성도가 되게 하기 위한 점검표가 아니다. 그리스도와 그분의 교회를 사랑하는 마음에서, 자연적으로 행해지는 사역에 대한 내용이다. 우리는 이 주제를 9장에서 더 깊이 살펴볼 것이다.

여기서는 교회에서 탈진하는 상황을 막아줄 몇 가지 방안에 초점을 맞추기로 한다. 우리는 교회 낙오자에 대한 연구조사를 많이 해왔다. 이 자료는 탈진문제에 대처하는 데 도움이 된다.

성경의 모든 장절이 기록된 데는 분명한 이유가 있다. 성령께서 성경 기자들을 인도하셨고, 그래서 성경의 장절들이 현재의 정경이 되었다.

어떤 이들은 은혜와 행위 간의 긴장을 느끼는 것 같다. 이

제가 하겠습니다

주제에 대해서는 평생 연구할 수도 있지만, 여기서는 간략히 개관해 보기로 하자.

매우 자주 인용되는 성경구절 중 하나가 에베소서 2장 8-9절이다. "너희는 그 은혜에 의하여 믿음으로 말미암아 구원을 받았으니 이것은 너희에게서 난 것이 아니요 하나님의 선물이라 행위에서 난 것이 아니니 이는 누구든지 자랑하지 못하게 함이라"

이 구절이 가르치는 것은 분명하다. 우리의 구원은 은혜, 곧 그리스도를 믿는 우리의 믿음을 통해 하나님께 거저 받는 은혜로 인한 것이다. 에베소서 기자인 바울은 거기서 그치지 않는다. 바울은 우리가 어떻게 구원받는지를 말할 뿐 아니라 어떻게 구원받는 것이 아닌지도 말한다. 우리의 구원은 우리 자신이나 우리의 행위에서 생기는 것이 아니다.

이해했는가? 행위가 우리를 구원해 주지 않는다. 그러나 우리가 거기에 그쳐서는 안 된다. 10절까지 연결해서 이해해야 한다. "우리는 그가 만드신 바라 그리스도 예수 안에서 선한 일을 위하여 지으심을 받은 자니 이 일은 하나님이 전에 예비하사 우리로 그 가운데서 행하게 하려 하심이니라"

에베소서 2장 8-10절 전체를 읽어보라. 우리의 구원은 행위로 얻는 것이 아니다. 그러나 우리는 선한 일을 하기 위해 구원받는다. 이 마지막 구절이 핵심이다. "··· 이 일은 하나님이 전에 예비하사 우리로 그 가운데서 행하게 하려 하심이니라"

하나님은 우리의 사역, 즉 교회와 교회 너머에서 행할 사역을 이미 계획하셨다. 우리의 구원은 거저 은혜로 얻는 것이지만, 그 구원은 하나님을 위한 우리의 행위로 나타나야 한다.

이 구절이 교회에서의 탈진과 무슨 관련이 있을까? 우리가 탈진하는 것은 어떤 일을 하려는 동기가 하나님 외에 다른 누군가를 위함일 때다. 밥 핸드 이야기를 예로 들어보자.

밥은 내가 모든 교인들에게 "네!" 하고 말하는 것을 보았다. 나는 집사였고, 주일학교 교사였고, 어린이선교 리더였다. 나는 1학년 훈련반을 가르쳤다. 새벽 5시에 기도모임에 참석했고, 토요 교회사역 팀을 인도했다. 세 위원회를 섬겼고, 또 안내 일도 맡았다.

이것은 모두 좋은 사역이었다. 나는 누구에게나 "네!" 하고 말했었다. 결국 나는 너무 많은 일을 맡아서 아무것도 제대로 해내지 못하는 지경에 이르렀다.

밥이 개입했다. 특유의 온화한 태도로 여러 이야기를 들려주었다. 그 이야기는 교회사역에 임하는 내 동기를 짚어주었다. 나는 느렸지만 마침내 깨달았다. 내가 하는 일의 동기는 주로 사람들을 기쁘게 하기 위함이었다. 담임목사가 선교그룹 인도할 것을 내게 부탁했다. 한 친구가 주일 성경 반 인도를 요청했다. 내 은행 고객이었던 한 교인은 아침 기도모임에 합류해 줄 것을 요청했다.

모든 것이 좋은 사역이었다. 모두 참으로 귀한 목적을 지녔다. 그러나 내 동기가 항상 올바르지는 않았다. 나는 하나님을 기쁘시게 하기보다 사람을 기쁘게 하는 쪽이었다.

에베소서 2장 10절을 다시 읽어보라. "우리는 그가 만드신 바라 그리스도 예수 안에서 선한 일을 위하여 지으심을 받은 자니 이 일은 하나님이 전에 예비하사 우리로 그 가운데서 행하게 하려 하심이니라"

우리가 감당해야 하는 "선한 일"은 하나님이 예비하신 것이다. 우리는 그 가운데서 '행해야' 한다. 우리는 하나님이 우리에게 보여주신 대로 섬겨야 한다. 하나님을 기쁘시게 해야 한다. 우리의 동기는 하나님의 영광을 드러내고, 그분을 섬기며, 또 그분을 기쁘시게 하는 것이다. 만일 그렇게 한다면 우리는 기쁘게 섬기며 결코 탈진하지 않을 것이다.

교회에서 하나님을 어떻게 섬겨야 하는지에 관한 책이 많다. 특히 영적 은사에 대한 자료는 섬김을 위한 우리의 열정과 재능을 이해하는 데 큰 도움이 된다.

여기서는 단순한 사실에 초점을 맞출 것이다. 만일 우리가 사람을 기쁘게 하기보다 하나님을 기쁘시게 하기를 추구한다면, 교회사역 중에 탈진하는 일은 없을 것이다.

사역 감퇴 요인

탈진이 교회에서 중도하차하게 만들 수 있지만, 훨씬 더 심각한 것은 사역 감퇴다. '감퇴'(atrophy)라는 말은 생물학적 의미를 지닌 것이다. 우리의 신체기관과 세포조직을 사용하지 않을 경우 그것이 쇠약해짐을 뜻한다.

오래된 일이지만, 나는 고등학교 미식축구 경기에 처음 나갔던 때를 생생하게 기억한다. 그 해 5월에 나는 낙마사고로 다리 부위에 복합골절을 입었다. 경기 연습이 시작되기 3주 전인 7월 중순에 깁스를 제거했다. 나머지 이야기는 충분히 짐작될 것이다. 나는 두 달 이상 사용하지 않은 다리로 미식축구 연습을 하려 했다. 애처로운 모습이었다. 다리 근육을 거의 쓸 수 없었다. 기능이 감퇴한 상태였다.

마찬가지로 우리의 '영적 근육'도 사용하지 않으면 기능이 감퇴한다. 에베소서는 바울이 에베소의 특정 교회에 쓴 편지다. 바울은 '은혜를 믿음으로써 얻는 구원'을 에베소 교인들에게 상기시키기 원했다. 아울러 은혜에 대한 우리의 반응이 하나님의 능력 안에서 행하는 것이라는 점도 분명히 했다.

솔직히 말해, 우리가 교회에서 섬기고 있지 않다면 우리는 진정한 성도가 아니다. 고린도교회에 보낸 편지에서, 바울은 '지체' 비유를 통해 우리가 그리스도의 몸을 어떻게 섬겨야 하는지 언급했다.

고린도전서 12장 27절 말씀을 기억하라. "너희는 그리스도의 몸이요 지체의 각 부분이라" 앞에서 바울은 이 지체들의 명칭을 언급했다. 눈, 귀, 손, 발 등이다. 그의 핵심은 분명하다. 만일 한 지체가 작동하지 않으면, 그것은 몸에 아무 쓸모가 없다. 만일 우리가 섬기지 않는 성도라면, 우리는 몸인 교회에 아무런 쓸모가 없다. 우리의 사역이 감퇴하고 있는 것이다.

이 지적에 반대하는 의견도 있을 것이다. 나는 여러 반대 의견을 들어왔다. 한 친구와 주고받은 이메일 내용이 생각난다. 그녀는 교회생활을 접을 거라고 했다. 섬길 곳을 찾으려 했지만, 그 교회에 다닌 지 별로 오래되지 않았던 까닭에

제가 하겠습니다

여러 가지 장애에 부딪혔다. 그녀는 소위 '영향력 있는 서클의 바깥에' 있었다. 다시 말해, 오래된 성도들이 그녀에게 섬겨줄 것을 전혀 부탁하지 않았다.

둘이서 주고받은 이메일을 전부 소개하고 싶지는 않다. 다만 그녀의 마지막 이메일을 인용하고자 한다. 그 내용은 해피엔딩이었다.

"교회에서 누구도 내게 섬김을 요청하지 않은 것이 사실이지만, 그것은 핑계일 뿐이었어. 나는 성도들을 위한 개인적인 기도 사역을 시작하기로 결심했어. 매일 교회안내 책자를 보면서 성도와 사역자들을 위해 기도하기 시작했지."

친구의 이메일 내용은 계속 이어졌다.

"그때 나는 몇 가지 섬기는 일에 자원하기 시작했어. 누구나 참여할 수 있는 일이었지. 나는 관심 있는 분야를 골랐어. 오래된 성도 중 몇 사람이 나와 내 사역에 주목하기 시작했어. 이제 나는 감당하기 힘들 정도로 많은 일을 맡고 있어."

친구의 마지막 말이 예리했다.

"나는 교회 낙오자가 될 뻔했어. 하지만 그 원인은 내 자존심에 뿌리를 두었지. 내게 섬길 것을 요청하는 사람은 아무도 없었어. 요청받지 않고서도 기도할 수 있음을, 그리고 요청받지 않고서도 섬길 수 있음을 나는 알게 되었어. 내 어리석은 자존심을 버리고 내가 할 수 있는 일을 모색하게 되어서 기뻐."

문제의 핵심

교회에서 낙오자가 생기는 이유는 대부분 둘 중 하나다. 첫째, 성도가 너무 많은 일을 맡아서 탈진하기 때문이다.

그들은 불꽃처럼 타오르지만 곧 사라지는 혜성 그리스도인이다. 둘째, 여러 이유로 아예 섬기지 않기 때문이다. 그는 섬김 요청을 받은 적이 없다. 자신의 구경꾼 위치에 만족한다. 그가 그리스도를 진정으로 믿지 않는 사람일 수도 있다.

어떠한 극단도 잘못이다. 교회에서 행해지는 율법적인 행위는 그릇된 동기에서 비롯된다.

몇 달 전에 내 블로그에 다음과 같은 글이 올라왔다. 지역 교회의 사역이 지나치게 강조된다고 주장하는 한 자매의 글이었다.

만일 어떤 사람이 우리가 지역 회중(또는 국가적/ 세계적 차원의 교단)의 지원 아래서 하나님의 일을 할 필요가 있다고 생각한다면, 그 사람은 과잉보호를 받는 삶을 살아왔거나 매우 아둔하다. 하나님 일의 99.99퍼센트는 교회의 그어떤 지원도 없이 진행되고 있다. 이런 일(많은 에너지를 요하는 힘든 일이다)을 하는 사람들에게 귀한 시간을 교회 '사역'과 소그룹에 할애할 것을 요구하면 그들은 교회를 떠날 것이다. 이런 식의 생각은 낙오자 발생에 부분적인 책임이 있다. 이제 책임감을 느낄 때다.

많은 귀한 사역이 지역 교회 밖의 영역에서 진행되고 있다는 사실에 대해서는 나도 이 자매의 말에 동의한다. 그러나 지역 교회가 사역을 위한 하나님의 계획에서 핵심이 아니라는 말에는 동의할 수 없다. 신약성경의 대부분은 지역 교회에 보낸 편지이거나 지역 교회를 배경으로 쓰였다.

문제의 핵심은 이렇다. 우리는 율법적인 과잉 사역이든 의도적인 사역 기피든, 교회 낙오자를 유발하는 극단적인 태도를 피해야 한다.

우리는 섬겨야 한다. 그리스도 몸의 지체 역할을 해야 한다. 사람들보다 하나님을 기쁘시게 하는 방식으로 그리해야 한다. 성도가 활동하지 않는 것은 모순이다. 교회 낙오자는 불순종하는 그리스도인이다. 이렇게 다짐하자. "제가 교회 낙오자가 되지 않겠습니다!"

∶ 숙고할 사항 🗿

1 고린도전서 12장에 수록된 그리스도 몸의 지체에 대한 바울의 비유를 영적 기능 감퇴라는 면과 연결해 보라.

2 에베소서 2장 8-10절에 언급된 은혜와 행위의 연관성을 설명해 보라.

3 성도들이 교회에서 낙오하는 이유가 무엇이라고 생각하는가?

4 지역교회 사역과 섬김의 상황에서 과잉 사역과 기능 감퇴는 어떻게 연관되는가?

제가 교회교의
함정을 피하겠습니다

I will

　나는 '교회교'(Churchianity)를 이렇게 정의하려
한다. "교회생활이나 신앙생활을 성경적인 지침보다는 인간
적인 기준에 따라 해나가는 것."

　많은 교회에서 교회멤버십을, 고린도전서 12장의 헌신적
이며 역할분담적인 모습과는 다른 그 무엇으로 재규정한다.
그 결과 활기 넘치는 기독교 대신에 교회교를 따르는 성도
가 무척이나 많다.

　고린도전서 12장을 읽어보라. 그 속에 함축된 의미를 생
각해 보라. 특히 고린도전서 12장 27-28절을 보라. "너희는

그리스도의 몸이요 지체의 각 부분이라 하나님이 교회 중에 몇을 세우셨으니"

이 말씀의 뜻을 이해하는가? 성경적인 교회멤버십이 어떤 것인지 알겠는가? 성도는 전체를 구성하며, 전체의 본질적인 부분이다. 사도 바울은 성도들이 몸의 부분임을 설명하기 위해 몸 비유를 사용한다. 어떤 이는 귀고, 또 어떤 이는 눈이다. 어떤 이는 발이며, 다른 이는 손이다. 이 때문에 바울은 이렇게 결론짓는다. "몸은 하나인데 많은 지체가 있고 몸의 지체가 많으나 한 몸임과 같이 그리스도도 그러하니라"(고전 12:12).

성도로서 우리는 각자의 기능을 담당해야 한다. 우리는 헌신해야 한다. 교회교 대신 활기찬 기독교를 실천해야 한다. 활기찬 기독교는 성경적이며 이타적이다. 교회교는 비성경적이며 이기적이다.

현재 우리의 모습은 어떠한가? 건강한 교회생활의 쇠퇴 과정을 돌아보기에는 이 책의 지면이 너무 좁다. 여기서는 교회교의 다섯 가지 주요 증상을 살펴볼 것이다. 우리가 철저히 배격해야 할 증상이다.

증상 1: 교회는 관중이 보는 운동경기다

나를 아는 이들은 내가 대학 미식축구 팬임을 알고 있다. 나는 열광적인 팬이다. 나는 다른 학교 팬들의 분노를 자아내기보다는 단지 우리 팀이 매우 좋다고 말할 뿐이다. 최근 우리 팀은 최고의 성적을 내고 있다.

경기 중에 관중석에 앉아 우리 팬들의 외치는 소리를 듣는 것은 큰 즐거움이다. 팬들은 우리 팀이나 코치가 이러저러해야 한다며 소리 지른다. 때로 나는 우리 팀의 온라인 게시판에 들어간다. 거기서도 종종 우리 팬들은 코치나 선수들보다 훨씬 더 많은 지식을 보여준다.

그러나 때로 나는 우리 팀에게 미안하다. 경기를 직접 관람하지 못할 경우, 나와 아들 제스는 각자의 집에서 TV로 경기를 본다. 경기 종료 후에 서로 문자메시지를 주고받는 것도 즐거운 일이다. 경기를 어떻게 해야 했는지, 또는 코치가 어떤 실수를 범했는지를 우리는 정확히 알고 있었다.

그렇다. 우리는 코치나 선수들보다 미식축구를 더 잘 아는 것 같다. 그러나 사실은 그렇지 않다. 우리는 관중으로서 경기에 참여한다. 직접 격렬하게 부딪히지는 않는다. 우리에게는 코치의 지식과 경험이 없다. 우리는 팬들의, 관리자의, 선수 모집의, 그리고 승리의 압박을 경험하지 않는다. 우리는 멀찌감치 앉아 지켜보면서 자신의 정보를 제시할 뿐이다.

교회교는 스포츠 관중이 보는 운동경기와 같다. 성도가 참석하지만 활동적으로 참여하지는 않는다. 그들은 다른 사람들이 사역할 것을 기대한다. 제직회에서 불쾌감과 분노를 표출할 때만 유일하게 열정적인 교인도 있다.

어느 목사가 회의실로 들어섰다. 껄끄러운 제직회가 기다리고 있음을 그는 알고 있었다. 회의를 시작하기 직전에 그가 말했다. 내 기억에 이런 내용이었던 것 같다.

"이 회의에 참석하신 여러분을 환영합니다. 시작하기 전에 함께 나누는 시간을 가집시다. 지난달에 그리스도의 복음을 어떻게 나눴는지 누가 말씀해 주시기 바랍니다."

침묵이 흘렀다. 아무도 반응을 보이지 않았다. 복음 증인의 역할을 했던 사람이 하나도 없는 것 같았다. 목사는 다른 말을 할 필요가 없었다. 그 상태에서는 불평자와 관중이 되기 쉽다. 우리는 교회를 관중이 보는 운동경기처럼 여겨서는 안 된다.

증상 2: 교회가 내게 맞추어야 한다

'교회가 내게 맞추어야 한다'는, 내 저서인 『I am a Church Member』의 주요 부주제였다. 그 책은 성도의 '태도'에 초점을 맞추었다. 그리고 이 책은 성도의 '행동'에 초점을 맞춘다. 특히 우리는 성도가 외부에 초점을 맞추게 하는 방법을 찾고 있다. 우리가 교회에 대해 컨트리클럽 사고방식을 지니면 섬기지 못한다. 우리는 회비를 냈으므로 우리를 위해 다른 사람들이 일할 것을 기대한다. 성도가 '교회가 내게 맞추어야 한다'는 증상을 지니고 있음을 나타내는 표식은 무엇일까? 다음과 같은 말이 그 표식이다.

- "내가 원하는 설교를 해달라고 목사님에게 말했지만, 목사님은 내 말에 귀 기울이지 않아요."
- "예배 장소의 온도가 마음에 들지 않아요."
- "찬양 스타일을 바꾸지 않는다면 나는 다시 오지 않을 겁니다. 내 마음에 드는 다른 교회를 찾아볼 거예요."
- "내가 주로 앉는 자리를 다른 사람이 차지했어요."
- "참석하는 사람이 적다는 이유로 아침 7시 30분 예배를 드리지 않기로 결정했어요. 그건 내가 예배드리는 시간입니다. 그 시간이 없어지면 나도 없어져야죠."
- "내 누이의 시어머니가 병원에 입원한 사실을 목사님에게 알렸는데도, 목사님은 병원에 심방을 가지 않았어요."
- "예배 장소를 불쾌한 색으로 칠하기로 결정했대요. 나는 울화통이 치밀어요. 헌금을 중단해야겠어요."

성경적인 교회생활은 섬기고, 헌신하고, 베풀며, 자신의 욕구보다 다른 이들을 우선시하는 것이다. 반면 교회교는 섬김을 받고, 자신의 생각대로 하며, 다른 이들보다 자신의 요구사항을 주장하는 유형이다.

증상 3: 교회에 곱씹을 결함이 많다

밥 핸드에 대한 이야기를 기억하는가? 내가 20대 은행원일 때 밥은 내 비공식적인 멘토였다. 앞에서 말했듯이, 그는 혜성 그리스도인처럼 행동하는 내게 관심을 기울였다. 나는 모든 일에 그리고 누구에게나 "네!"라고 말했다.

내가 교회의 일에 불평하기 시작했을 때, 그의 관심은 더 각별해졌다. 밥은 정확히 표현하지는 않았지만, 그 불평이 교회교의 증상임을 알고 있었다.

그래서 밥은 최선을 다했다. 내게 이야기 하나를 들려주었다. 결혼에 대한 이야기였다. 결혼 초기에 남편과 아내는 서로 허물을 보지 못한다. 그러나 어느 정도 시일이 지나면 둘 다 상대편이 완벽하지 못하다는 사실에 주목하기 시작한다.

밥은 이 이야기가 누구에게나 적용된다고 말했다. 이 경우 대체로 우리의 선택은 둘 중 하나다. 우리는 배우자의 가장 좋은 면을 보며, 그의 불완전함에도 불구하고 그를 사랑하려고 노력할 수 있다. 또는 배우자의 결함을 불평하며 잔소리할 수도 있다. 그러다가 별거나 이혼 지경에 이르기도 한다.

이 이야기를 한 후 밥은 늘 그랬듯이 수사학적인 질문을 던졌다. "무엇이 더 좋은 선택인가요?"

밥의 이야기는 정곡을 찔렀다. 그는 나와 교회의 관계를 언급하고 있었다. 귀한 교훈이었다. 나는 교회 리더와 성도에 대해 불평하기보다는 그들을 위해 기도하기 시작했다.

그들은 완벽하지 않았다. 나도 마찬가지다. 우리가 교회의 지체들에게서 불완전함을 발견할 때 놀라서는 안 된다. 첫 기독교 교회들도 마찬가지였다. 우리는 그들에 대한 이야기를 신약성경에서 볼 수 있다. 고린도전서에 언급되는 고린도

제가 하겠습니다

교회를 예로 들어보자.

- 성도들이 분파를 형성하고 사람 숭배에 빠졌다.
- 심각한 정도의 육욕적인 행위가 자행되었다.
- 성도와 리더들이 교회 내의 성적 타락을 처리하지 않았다.
- 심각한 정도의 세속성과 물질주의가 나타났다.
- 성도들이 서로를 세상 법정에 세웠다.
- 사도적 권위에 도전했다.
- 교회가 죄에 빠진 성도를 징계하지 않았다.
- 영적 은사에 대한 오해가 있었다.
- 성찬식 남용 사례가 있었다.
- 그리스도인의 자유를 남용한 사례가 있었다.
- 교회에 부활 관련 이단들이 있었다.

복음은 하나님이 아들 예수님을 통해 우리를 위해 행하신 일에 대한 이야기다. 복음은 은혜를 믿음으로써 얻는 구원에 대한 이야기다. 복음은 십자가에서 죽으신 예수님에 대한 이야기다. 예수님은 우리를 대신하셨다. 예수님은 죄가 되셨다. 우리 죄를 떠맡으셨고, 우리의 징벌을 대신 당하셨다.

복음은 요한복음 3장 16절에서 말하듯이, 하나님이 우리를 얼마나 많이 사랑하셨는지에 대한 내용이다. 불순종하는 죄인인 우리를 대신해 아들을 희생시킨 아버지에 대한 내용이다.

그 선물에 대해 우리가 어떤 반응을 보여야 할까? 우리가 은혜를 받은 사람으로서 다른 교인들에게 그 은혜를 어떻게 드러낼 수 있을까?

솔직히 우리가 그리하지 못할 때도 있다. 우리는 목사와 사역자들을 비판한다. 장로나 집사들이 하는 일을 좋아하지 않는다. 예배인도자가 고른 찬양을 좋아하지 않고, 어린이 사역에 대해 비판적이다.

이런 태도와 행동은 성경적인 교회멤버십이 아니라 교회교의 증상이다. 우리의 소속 교회는 완벽하지 않다. 목사와 사역자들이 완벽하지 않다. 우리 교회는 온갖 죄인들로 가득

하다. 사실 우리도 그들 중에 속한다.

우리 앞에 선택이 놓여 있다. 우리는 교회교를 채택하여 다른 교인들의 흠을 곱씹을 수 있다. 혹은 성경적인 교회멤버십에 충실하여 다른 이들에게 은혜를 전달할 수도 있다.

결국 우리 주 예수 그리스도의 은혜가 없다면 우리에게는 소망이 없을 것이다.

증상 4: 성도에 대한 교회의 기대감이 낮다

조안나는 약 1년 전에 프랭클린커뮤니티교회의 성도가 되었다. 조안나는 교회의 설교와 찬양을 좋아했다. 집에서 교회까지 차를 몰고 가기도 편했다. 어린이 사역도 매우 흡족했다. 사실 이것이 그 교회에 가장 끌리는 점이었다. 왜냐하면 조안나에게는 일곱 살과 아홉 살짜리 자녀가 있었기 때문이다. 남편이 교회에 다니지 않아, 조안나는 두 아이를 영적으로 양육하는 일에 책임감을 느꼈다.

그래서 이 교회에 합류하기로 결심했다. 교회주보 속에는 교회멤버십에 관심을 보이도록 안내하는 카드가 들어 있었다. 조안나는 이름, 주소, 이메일 주소를 적었다. 그리고 기다렸다.

6주가 지나도록 교회에서는 아무런 연락이 없었다. 교회 사무실로 전화해 보려고 생각할 무렵, 그녀는 무슨 일이 진행되고 있는지 알게 되었다. 그 주간에 교회에서부터 편지가 왔다. "조안나 성도님, 매월 열리는 제직회에서 성도님을 우리 교회의 성도로 받아들이기로 결정하게 되어 기쁘게 생각합니다. 프랭클린커뮤니티교회로 오신 것을 환영합니다!"

그게 전부였다. 어떤 교인도 조안나를 만나지 않았다. 조안나가 진짜 그리스도인인지의 여부를 아는 사람이 아무도 없었다. 교회에 대한 정보를 알려주는 사람도 없었고, 교회에서 어떤 일로 섬기는 것이 좋겠다고 알려주는 사람도 전혀 없었다.

조안나는 많은 교회의 경우에, 교회에 처음 나간 사람이 교인등록 카드를 작성하여 제출할 수 있다는 사실을 어릴 적부터 알고 있었다. 교인들을 전혀 몰라도 별 상관이 없었다. 제직회에서 그 사람을 성도로 받아들일 것인지에 대한 투표가 진행되는 경우도 있다.

조안나는 성도에 대한 교회의 기대가 낮다는 사실에 놀랐다. 조안나는 그 교회에 계속 머물려고 1년 이상 노력했다. 그러나 그 기간 중에 누구도 그녀에게 다가오지 않았다. 아무도 섬길 일을 요청하지 않았다. 교회에 대해 무슨 말을 해주는 사람도 전혀 없었다.

조안나는 자신이 교회 리더들을 접촉하여 어떤 일을 시작할 수도 있었음을 인정한다. 그러나 교회의 전반적인 분위기가 성도의 적극적인 사역을 별로 기대하지 않는 듯하여, 그리할 마음이 생기지 않았다.

그처럼 기대감이 희박했던 까닭에, 조안나는 교회 일에 전혀 연결되지 않았다. 예배 참석률도 점차 떨어지기 시작했다. 조안나에게 다가오는 교인은 여전히 없었다. 결국 조안나는 아이들과 함께 교회를 떠났다. 아무도 아쉬워하지 않았다. 만남을 시도하는 사람도 전혀 없었다.

Part 8 제가 교회교의 함정을 피하겠습니다

조안나와 아이들로서는 그 교회를 떠난 것이 다행이었다. 조안나는 다른 교회에 등록했고, 사람들이 다가왔다. 그녀는 새신자 반에 합류하는 것이 행복했다. 곧 이어 소그룹과 사역에도 연결되었다. 조안나와 아이들은 잘 지내고 있다.

나는 프랭클린커뮤니티교회에서 실제로 단 한 번도 연락을 취하지 않았는지 조안나에게 물었다. 조안나는 잠시 생각한 후 말했다.

"내가 그 교회에 등록되었다는 사실이 공지된 직후에 교회에서 한 차례 연락이 왔어요. 헌금봉투를 담은 상자를 내게 보냈죠."

이것은 교회교의 모습을 드러내는 교회, 성도에 대한 기대감이 낮은 교회를 생생하게 보여주는 이야기다. 이런 교회의 특징은 다음과 같다.

- 새신자 반이 없다. 새신자 반은 새신자나 가망(prospective) 성도에게 교회에 대한 정보와 성도에 대한 기대를 제공하기 위해 필수적이다.

- 성도를 소그룹이나 주일 성경 반으로 인도하지 않는다.
  이런 그룹은 성도가 교우관계를 맺거나 교회생활에 더
  깊이 연루됨에 있어 매우 중요하다.
- 성도를 사역에 연루시키지 않는다. 사역은 다른 이를 섬
  기는 일을 우선시하게 만든다.
- 교회 측에서 성도와의 의사소통을 거의 시도하지 않
  는다. 앞의 사례에서 프랭클린커뮤니티교회는 1년 동안
  단 두 개의 정보를 제시했을 뿐이다. 성도로서 인정한다
  는 편지와 헌금봉투 상자가 그것이다.

성도에 대한 기대감이 낮은 교회에는 교회교 개념을 지닌
성도가 더 많다. 서글프게도 오늘날 성도에 대한 기대감이
낮은 교회가 너무나 많다.

증상 5: 교회 내에 분파가 있다

교회 일에 연루되기 힘들게 한다는 점에서, 이 증상은 '증상 4'와 유사하다. 어떤 교회는 기대감이 낮은 까닭에 교회 일에 여루되는 성도가 몇 명뿐이다. 또 어떤 교회에서는 대부분의 성도가 교회 안의 핵심 분파들과 연결되어 있지 않기 때문에 교회 일에 거의 여루되지 못한다.

이 분파는 다양한 형태일 수 있다. 교회 안의 비공식적인 파워그룹이 흔한 분파다. 이 분파는 대개 오래된 성도들의 비공식적인 연합 형태다. 여러 면에서 그들은 소속 교회를 '내 교회'라 부른다. 누구든지 교회 일에 여루되거나 어떤 일을 해내려면 이 그룹의 암묵적인 인정을 받아야 한다.

또 다른 분파는 가족 파워그룹일 수 있다. 특히 오래된 교회에는 한두 가정에서 시작해 점차 더 많은 가정으로 연결된 가족 네트워크가 존재한다. 이 네트워크의 기원은 교회 탄생 시점까지 거슬러 올라갈 수 있다.

때로는 분파가 장로나 집사 또는 신도대표 회의 같은 공식 그룹일 수도 있다. 물론 이들 그룹의 대부분은 건전하며 성경적인 기능을 담당한다. 그러나 만일 어떤 그룹이 교회 안에 의미 있게 연루되고자 하는 성도에게 장애요인으로 작용한다면, 교회교의 패턴이 나타나게 된다. 이 경우 성경적인 성도로서의 기능이 방해받는다.

교회교의 두 가지 주요 원인

성도를 교회교에 빠지게 만드는 전형적인 원인 두 가지가 있다. 첫째, 성도가 성경적인 성도로 작용하지 못하도록 배제된다. 그 장벽은 어떤 제도나 태도일 수 있다. 의미 있는 관여를 가로막는 형식적인 구조가 존재할 수도 있다. 혹은 단지 "우리는 예전에 결코 그런 식으로 한 적이 없어."라고 말하는 식의 전통적인 반응이 있을 수도 있다.

둘째, 어떤 이들은 성경적인 성도의 역할을 맡지 않기로 선택한다. 이들은 적어도 암묵적으로는 그 역할을 맡도록 허락되지만, 스스로 맡지 않기로 작정한다.

둘 다 그릇되다. 둘 다 비성경적인 교회교의 표현이다. 우리가 교회에서 어떤 기능을 하는지 돌아보자. 그 기능이 성경적인가, 아니면 교회교의 형태인가? 만일 교회교의 형태라면 새로운 헌신을 시도할 수 있겠는가? 교회교의 패턴을 계속 따를 것을 요청받는다면 주저 없이 이렇게 말하자. "저는 그것을 피하겠습니다!"

：숙고할 사항

1   고린도전서를 훑어보고 교회의 문제점 다섯 가지 이상을 찾아보라. 구체적인 장절을 언급하면서 그 문제점을 묘사해 보라.

2   성도 대부분이 운동경기 관중과 같은 교회의 특징은 무엇인가?

3   교회 안에 파워그룹이 생기는 이유는 무엇인가? 이 파워그룹은 어떤 결과를 가져오는가?

4 성도로서 교회교 패턴에 빠지지 않으려면 개인적으로 어떤 헌신이 필요한가?

PART 9

제가 변화를
일으키겠습니다

I will

그의 이름은 제레미야 랜피어, 날짜는 1857년
9월 23일, 그리고 지역은 뉴욕 시였다.

여러 날 동안 랜피어는 기도시간에 대한 광고지를 돌리고
있었다. 혼자서 2만 장 이상을 돌렸다.

랜피어는 하나님의 손에 사로잡힌 사람이었다. 그는 하나
님의 강력한 개입을 갈망했으며, 그 어떤 인간적인 시스템이
나 단체도 그런 개입을 가능케 하지 못함을 알고 있었다.

그래서 랜피어는 기도했다. 그리고 다른 이들에게도 기도
에 동참할 것을 요청했다.

랜피어는 9월 27일 정오에 많은 사람이 기도하러 모일 줄로 잔뜩 기대했다. 뉴욕 시는 인구 백만의 도시였다. 그의 광고지는 그것을 받은 2만 명 이상이 읽었을 것이다.

랜피어는 교회에서 빌린 다락방으로 올라가 기도하며 기다렸다. 30분 동안 아무도 모습을 보이지 않았다. 조금 있으니 기도모임에 참석하기 위해 올라오는 몇 사람의 발자국 소리가 들렸다. 여섯 명이 합류했다.

다음 주에는 열네 명으로 늘었다. 그 다음에는 스물세 명이었다. 기도모임은 계속 늘어났다.

하나님의 임재는 강력했다. 모임에 참석한 사람들은 매일 모이기로 결심했다. 그리고 그 수효는 계속 늘어났다. 1857년 겨울쯤에는 매일 모이는 기도모임이 큰 교회 세 곳을 가득 채웠다. 그리고 1858년 3월경에는 뉴욕 시의 사용 가능한 모든 공회당과 교회가 매일 가득 채워졌다.

유명한 신문 편집자인 호레이스 그릴리는 이 모임의 규모를 파악하려고 리포터를 보냈다. 이 리포터는 한 시간의 기도모임을 마차를 타고 다니며 조사했는데, 불과 여섯 군데밖에 돌지 못했다. 그렇게 해서 헤아린 인원이 6,100명이었다.

기도운동은 전국으로 확산되었다. 이 운동기간의 한 시즌에는 매주 만 명이 회심했다. 이 기도모임을 통해 회심한 사람을 무려 백만 명으로 추산하는 학자들도 있다. 거대한 운동이었다.

오늘 나는 하나님의 또 다른 운동을 위해 기도하고 있다.

"제가 하겠습니다!"라고 말하는 곳에서 일어나는 운동

내 관심은 교회에 있다. 나는 혼자가 아니다. 최근 교회 회중 상태에 대한 암울한 통계를 여기서 언급하고 싶지는 않다. 좋은 상황이 아니라고 말하는 것만으로 족하다.

문제는 제도적인 교회나 교단이 아니다. 문제는 우리 자신이다. 교단은 소속 교회보다 강하지 않다. 교회는 성도보다 강하지 않다. 나는 성도다. 문제는 성도에서 시작된다.

제레미야 랜피어는 우리와 똑같은 한 명의 사람이었다. 그는 자신이 거대한 운동을 일으킬 수 없음을 알고 있었다. 랜피어의 역할은 하나님의 개입을 간구하는 것이었다. 그의 역할은 자원하는 것이었다. "제가 하겠습니다!"라고 기꺼이 말하는 것이었다.

하나님이 보잘것없으나 순종하는 사람을 사용하여 운동을 시작하셨다. 다른 그 무엇을 비난하는 일을 중단할 때다. 거울을 들여다보며 "제가 가겠습니다!" 하며 자원할 곳을 하나님께 여쭐 때다.

하나님이 어떻게 당신의 교회에 운동이 일어나게 하시는지 주목하라. 하나님은 제레미야 랜피어를 통해 그리하셨다. 신약성경에 나오는 교회를 통해 그리하셨다.

우리는 성도다. 우리에게 책임이 있다. 우리를 통해 하나님이 운동을 시작하실 수 있다.

우리가 운동을 만들어내지는 못하지만, 제레미야 랜피어가 했던 일을 할 수 있다. 랜피어는 순종했다. 순종은 간단하지만 심오한 것이다.

우리가 교회에서 순종하는 성도가 될 때다. 고린도전서 12장을 진지하게 받아들여, 그리스도 몸의 중요한 일부가 될 때다.

"제가 하겠습니다!"라고 말할 때다.

"제가 그리스도의 마음자세를 지니며, 내 욕구보다 다른 성도를 우선시하겠습니다."

"제가 육체적으로 이상이 없는 한 동료 성도와 함께 공동 예배에 즐거이 참석하겠습니다."

"제가 다른 이들과 함께 영적으로 성장할 수 있도록, 그리고 그들에 대한 책임을 이행할 수 있도록 한 그룹에 소속되겠습니다."

"제가 다른 이들에게 다가가서 말이나 행동으로 복음을 전하며, 내 구주를 부끄러워하지 않겠습니다."

"제가 현재 관리하는 모든 것의 소유주가 하나님이심을 인식하고, 아끼지 않고 기쁘게 드리겠습니다."

"제가 사람들을 기쁘게 하려는 마음이나 무리한 압박감에서가 아니라, 하나님의 인도하심에 기꺼이 순종하는 마음에서 교회생활에 참여하겠습니다."

"제가 교회나 교회 리더나 성도들의 결함에 초점을 맞추지 않고, 나를 위해 그리스도께서 하신 일에 초점을 맞추겠습니다."

"제가 하나님의 교회와, 하나님의 이름과, 하나님의 영광을 위한 도구로 하나님이 저를 사용하시도록 기도하겠습니다."

한 가지 결론

몇 년 전에 나는 아내와 사돈 부부와 함께 병원 대기실에 있었다. 상황이 좋지 않다는 말을 들었지만, 나는 기적을 바라며 계속 기도했다.

내 아들 제스가 대기실로 들어왔을 때, 나는 알았다. 제스는 한 마디도 하지 않았다. 그러나 나는 알았다.

제스의 아들 윌이 죽었다. 내 손자가 주님 품에 안겼다. 제스는 내 어깨에 얼굴을 떨어뜨렸다. 우리 둘 다 울기 시작했다. 방금 아들을 잃은 아들을 아빠가 어떻게 위로할까? 무슨 말로 위로할 수 있을까? 차마 말이 나오지 않았지만 나는 물었다.

"제스, 너를 위해 아빠가 어떻게 하면 좋겠니?"

그때 제스는 내가 사는 동안 결코 잊지 못할 말을 했다.

"아빠, 윌의 삶과 죽음을 통해 내가 가는 곳마다 하나님께 영광 돌릴 수 있도록 기도해 주세요."

제스의 요청은 자신에 대한 것이 아니었다. 자신의 욕구에 대한 것이 아니었다. 비극적인 사건을 통해 하나님께 영광 돌리기 위한 것이었다. 내 대답은 간단했다.

"꼭 그렇게 하마."

성도가 자아를 없애고 그리스도의 몸을 강화시키는 운동의 일원이 될 때다. 하나님의 교회를 통해 하나님께 영광을 돌릴 때다. 성도의 마음이 실제적으로 부흥할 때다.

교회에서 부흥운동의 도구로 사용될 성도가 되는 일을 지금 시작하라. 하나님의 음성을 청종하라. 하나님께 순종하

라. 하나님이 행동할 것을 지시하실 때 주저하거나 망설이지 말고 기꺼이 말하라. "제가 변화를 일으키겠습니다!"

⦂숙고할 사항 🖼

1 하나님이 원하시는 유형의 성도가 되기 위해, 우리가 제레미야 랜피어의 삶에서 배울 수 있는 것은 무엇인가?

2 고린도전서 12장의 성도가 어떤 모습인지 묘사해 보라.

3 자기희생적인 성도가 된다는 것은 무엇을 의미하는가?

4 교회멤버십에 대한 당신의 생각을 이 책이 어떻게 변화시켰는가? 더욱 외부에 초점을 맞추는 신앙생활과 관련하여 이 책은 어떤 도움을 주는가?

"제가 하겠습니다" 서약
(개인적으로 또는 주고받는 형식으로)

제가 그리스도의 마음자세를 지니며, 내 욕구보다 다른 성도를 우선시하겠습니다.

"제가 하겠습니다!"

제가 육체적으로 이상이 없는 한, 동료 성도와 함께 공동 예배에 즐거이 참석하겠습니다.

"제가 하겠습니다!"

제가 다른 이들과 함께 영적으로 성장할 수 있도록, 그리고 그들에 대한 책임을 이행할 수 있도록 한 그룹에 소속되겠습니다.

"제가 하겠습니다!"

제가 다른 이들에게 다가가서 말이나 행동으로 복음을 전하며, 내 구주를 부끄러워하지 않겠습니다.

"제가 하겠습니다!"

제가 현재 관리하는 모든 것의 소유주가 하나님이심을 인식하고, 아끼지 않고 기쁘게 드리겠습니다.

"제가 하겠습니다!"

제가 사람들을 기쁘게 하려는 마음이나 무리한 압박감에서가 아니라, 하나님의 인도하심에 기꺼이 순종하는 마음에서 교회생활에 참여하겠습니다.

"제가 하겠습니다!"

제가 교회나 교회 리더나 성도들의 결함에 초점을 맞추지 않고, 나를 위해 그리스도께서 하신 일에 초점을 맞추겠습니다.

"제가 하겠습니다!"

제가 하나님의 교회와 하나님의 이름과 하나님의 영광을 위한 도구로 하나님이 저를 사용하시도록 기도하겠습니다.

"제가 하겠습니다!"

———————————————————

서명과 날짜

제가 하겠습니다

초판 1쇄 발행	2016년 05월 20일
초판 8쇄 발행	2023년 06월 09일

지은이	톰 레이너
옮긴이	김태곤

펴낸이	곽성종
책임편집	방재경
디자인	투에스

펴낸곳	(주)아가페출판사
등록	제 21-754호(1995. 4. 12)
주소	(08806) 서울시 관악구 남부순환로 2082-33
전화	584-4835(본사) 522-5148(편집부)
팩스	586-3078(본사) 586-3088(편집부)
홈페이지	www.agape25.com
판권	ⓒ (주)아가페출판사 2016
ISBN	978-89-97713-65-3 (03230)

이 도서의 국립중앙도서관 출판시도서목록(CIP)은
서지정보유통지원시스템 홈페이지(http://seoji.nl.go.kr)와
국가자료공동목록시스템(http://www.nl.go.kr/kolisnet)에서
이용하실 수 있습니다.
(CIP제어번호: CIP2016011571)

아가페 출판사